Kohlhammer

**Kompass Recht**

herausgegeben von Dieter Krimphove

# BGB II: Sachenrecht

von

**Dr. Michael Beurskens, L.L.M.**
Heinrich-Heine-Universität Düsseldorf

Verlag W. Kohlhammer

**Inhalt der beiliegenden CD-ROM:**

- Gesetzestexte
- Gerichtsentscheidungen
- Statische und interaktive Fälle
- Hörfassung des Buchinhalts in MP3 (DAISY)
- Multiple-Choice-Test
- Übersichten

Die in dem Werk verwendeten Symbole bedeuten:

= Prüfungstipps für Studenten

= Tipps für Praktiker

§ = Gesetzestext

= Weiterführender bzw. ergänzender Text auf der CD-ROM

2. Auflage 2014


Gesamtherstellung: W. Kohlhammer GmbH, Stuttgart

Print:
ISBN: 978-3-17-025316-2

# Vorwort

Das Sachenrecht gilt unter Studenten oft als abstrakt, schwer verständlich und verworren. Gerade vor den Erfahrungen im Allgemeinen Teil und im Schuldrecht erscheinen der starke Formalismus und vor allem die enge Verbindung zum Zwangsvollstreckungsrecht als etwas völlig Ungewohntes und Theoretisches. Anders als mit Kaufverträgen haben die wenigsten Studenten schon eigene Erfahrungen mit Grundstücksgeschäften gewinnen können.

Dieses Buch soll die bereits bestehende Fachliteratur ergänzen und eine Lücke schließen, die im Hinblick auf eine verständliche, gleichzeitig aber umfassende Darstellung des 3. Buchs des BGB besteht. Dabei soll weniger auf exotische Details eingegangen werden, sondern stattdessen das praktisch und auch prüfungstechnisch Relevante hervorgehoben werden. Die Bezüge zu den (im Band „Kompass Recht BGB I – Vertragsrecht“ behandelten) ersten beiden Büchern des BGB einerseits und zum Zwangsvollstreckungsrecht andererseits sind dabei elementarer Bestandteil des Lernvorgangs. Ebenso unverzichtbar sind die parallele Lektüre des (insbesondere im Sachenrecht sehr detaillierten) Gesetzestextes, die Bearbeitung der in digitaler Form beigefügten Fälle sowie zumindest das Überfliegen der beigefügten Gerichtsentscheidungen. Erst durch die Gesamtheit dieser Lehrmedien kann gewährleistet werden, dass das Sachenrecht beherrscht wird.

Dieses Buch ergänzt die in der gleichen Reihe erschienenen Werke zum Vertragsrecht und zum Gesellschaftsrecht. Die drei Bücher sind durch zahlreiche Verweise aufeinander abgestimmt. Wie bei den beiden anderen Werken freue ich mich über Anregungen, Kritik und andere Kommentare per Email (beurskens@hhu.de) oder über Facebook und Twitter.

Düsseldorf im Februar 2014 — Michael Beurskens

# Inhaltsverzeichnis

# Abkürzungsverzeichnis

| | |
|---|---|
| Abs. | Absatz |
| AG | Aktiengesellschaft, Amtsgericht |
| AGB | Allgemeine Geschäftsbedingungen |
| Alt. | Alternative |
| Art. | Artikel |
| BGB | Bürgerliches Gesetzbuch |
| BGH | Bundesgerichtshof |
| BVerfG | Bundesverfassungsgericht |
| bzw. | beziehungsweise |
| d.h. | das heißt |
| EG | Europäische Gemeinschaft |
| EU | Europäische Union |
| f., ff. | folgende |
| Fn. | Fußnote |
| GbR | Gesellschaft bürgerlichen Rechts |
| GG | Grundgesetz |
| GmbH | Gesellschaft mit beschränkter Haftung |
| HGB | Handelsgesetzbuch |
| h.M. | herrschende Meinung |
| Hs. | Halbsatz |
| i.S.d. | im Sinne des |
| i.V.m. | in Verbindung mit |
| insb. | insbesondere |
| InsO | Insolvenzordnung |
| LG | Landgericht |
| OHG | Offene Handelsgesellschaft |
| OLG | Oberlandesgericht |
| Rn. | Randnummer |
| Rspr. | Rechtsprechung |
| s. | siehe |
| S. | Seite |
| sog. | sogenannt(e,en) |
| str. | streitig |
| StGB | Strafgesetzbuch |

| | |
|---|---|
| u. | und |
| u.a. | unter anderem |
| u.U. | unter Umständen |
| v. | von/vom |
| Var. | Variante |
| vgl. | vergleiche |
| z.B. | zum Beispiel |
| ZPO | Zivilprozessordnung |
| ZVG | Gesetz über die Zwangsversteigerung und die Zwangsverwaltung |

Paragraphen ohne Gesetzesangabe sind solche des BGB.

# Literaturverzeichnis

*Baur/Stürner*, Sachenrecht, 18. Aufl. 2009
*Gieseler*, Examinatorium Sachenrecht, 1. Aufl. 2014
*Habersack*, Sachenrecht, Examens-Repetitorium, 7. Aufl. 2012
*Lüke*, Sachenrecht, 2. Aufl. 2010
*Lwowski/Fischer/Langenbucher*, Das Recht der Kreditsicherung, 9. Aufl. 2011
*Meder/Czelk*, Grundwissen Sachenrecht, 2. Aufl. 2008
*Müller*, Sachenrecht, 4. Aufl. 1997
*Neuner*, Sachenrecht, 3. Aufl. 2008
*Prütting*, Sachenrecht, 34. Aufl. 2010
*Schapp/Schur*, Sachenrecht, 4. Aufl. 2010
*Schreiber*, Sachenrecht, 5. Aufl. 2008
*Schwabe*, Sachenrecht: Materielles Recht & Klausurenlehre. Lernen mit Fällen, 8. Aufl. 2013
*Vieweg/Werner*, Sachenrecht, 6. Aufl. 2013
*Westermann*, BGB-Sachenrecht (Schwerpunkte), 12. Aufl. 2012
*Westermann/Gursky/Eickmann*, Sachenrecht, 8. Aufl. 2011
*Westermann*, Sachenrecht, 5. Aufl. 1966
*Wilhelm*, Sachenrecht, 4. Aufl. 2010
*Wolf/Wellenhofer*, Sachenrecht, 27. Aufl. 2012
*Wolff/Raiser*, Sachenrecht, 10. Aufl. 1957

# 1. Kapitel **Einleitung**

Das deutsche Recht trennt scharf zwischen Verpflichtungen zu einem bestimmten Verhalten einerseits, die im 2. Buch des BGB, dem Schuldrecht, geregelt sind, und der Zuordnung von Sachen andererseits, welche Gegenstand des im 3. Buch geregelten Sachenrechts sind („**Trennungsprinzip**"). So kann ich mich zwar zur Veräußerung der Mona Lisa verpflichten, im Zweifel kann ich diese Pflicht aber nicht erfüllen, weil ich gar nicht Eigentümer bin. Die Nichterfüllung der Pflicht zieht in der Regel Schadensersatzansprüche (§§ 280 Abs. 1, Abs. 3, 281 / 283 BGB bzw. § 311a Abs. 2 BGB) nach sich, selbst wenn ich diese gar nicht erfüllen konnte und deshalb auch nicht erfüllen musste (§ 275 Abs. 1 BGB). Von dieser Verpflichtung zu einer bestimmten Tätigkeit sind die „Verfügungen" (unten Rn. 11) zu trennen. Dies sind die Handlungen, durch welche ein Recht begründet, aufgehoben, belastet oder übertragen wird. An diese stellt das Gesetz oftmals besondere Anforderungen. Neben den im 3. Buch des BGB behandelten Verfügungen über Sachen gibt es auch solche über Rechte, etwa die Abtretung (§ 398 BGB) oder Nießbrauch (§ 1068 BGB) und Pfandrecht an Rechten (§ 1273 BGB). 1

Aus diesem Grundsatz folgt das so genannte **Abstraktionsprinzip**. Dieses besagt, dass eine Verfügung in aller Regel selbst dann wirksam ist, wenn die zugrunde liegende Verpflichtung (der „Rechtsgrund") unwirksam ist. Dies betrifft etwa Fälle vorübergehender Geschäftsunfähigkeit (§ 105 Abs. 2 BGB) oder einer Anfechtung des Vertrages wegen Irrtums über die vereinbarte Gegenleistung (§§ 142 Abs. 1, 119 BGB). In diesen Fällen ist der Vertragspartner trotzdem wirksam Eigentümer der verkauften Sache geworden, der Veräußerer muss diese nach § 812 Abs. 1 S. 1, 1. Var. BGB („condictio indebiti") herausverlangen. Das Problem dabei ist § 818 Abs. 3 BGB, der den Empfänger der Leistung schützt, soweit dieser von dem Mangel des Verpflichtungsgeschäfts nichts wusste (ansonsten greift nach §§ 818 Abs. 4, 819, 292 BGB die strenge Haftung eines bösgläubigen Besitzers nach den §§ 987 ff. BGB). Er muss nur das herausgeben, was er im Zeitpunkt des Herausgabeverlangens noch in seinem Vermögen hat. Wurde also der erlangte Gegenstand zerstört, beschädigt, verloren oder auch veräußert, geht der Veräußerer leer aus. 2

3 Das Sachenrecht hat gegenüber dem Schuldrecht eine eigene Funktion: Es soll eine klare und eindeutige Rechtszuordnung gewährleisten, auf die sich der Verkehr verlassen kann. Demgegenüber ist im Schuldrecht Flexibilität unerlässlich: Man muss Verträge auch über Gegenstände abschließen können, die erst noch hergestellt werden müssen (etwa ein neuer PKW, ein noch zu malendes Portrait) oder sich auf eine Teilmenge aus einer großen Gesamtmasse beschränken (namentlich bei der Gattungsschuld, § 243 Abs. 1 BGB, etwa wenn irgendeine Blu-Ray-Disc mit einem Film bei Amazon bestellt wird oder 100 Liter Wein bei einem Winzer gekauft werden). Demgegenüber soll jede Sache einem oder jedenfalls mehreren eindeutig definierten Personen zugeordnet sein. Um dies zu gewährleisten, wird das Sachenrecht von drei wesentlichen Grundprinzipien beherrscht:

4 Der „**Typenzwang**“ besagt, dass nur bestimmte, im Gesetz vorgesehene Gestaltungen für die Beziehung zu einer Sache bestehen können. Neben dem Eigentum als Vollrecht sind dies die so genannten „beschränkt dinglichen Rechten“, insbesondere die Sicherungsrechte (etwa Hypothek, Pfandrecht und Grundschuld). Die Erfindung neuer dinglicher Rechte ist anders als im Schuldrecht (vgl. § 311 Abs. 1, 241 Abs. 1 BGB, die beliebige Verträge erlauben) ausgeschlossen. Ergänzt wird dieser Typenzwang durch eine „Typenfixierung“, die besagt, dass *innerhalb* der jeweiligen dinglichen Rechte grundsätzlich keine Gestaltungsfreiheit besteht. Dies ist ein gewisser Unterschied zum Gesellschaftsrecht, wo zwar ebenfalls ein Typenzwang besteht (es dürfen nur die im Gesetz aufgezählten Rechtsformen gewählt werden), aber es gerade an einer Typenfixierung fehlt, sondern für das Innenverhältnis grundsätzlich Gestaltungsfreiheit gilt (etwas anderes gilt nur für die Aktiengesellschaft, wo die freie Gestaltung ausdrücklich ausgeschlossen ist, vgl. § 23 Abs. 5 AktG). Ein „numerus clausus“ der Gestaltungen besteht zudem im Familienrecht (wo neben Adoption, Ehe, Verlöbnis und eingetragener Lebenspartnerschaft keine rechtsgeschäftlichen Gestaltungsmöglichkeiten bestehen) sowie im Erbrecht (wo es Testamente, Erbverträge und Schenkungen auf den Todesfall gibt, die aber inhaltlich nur bestimmte Verfügungen enthalten können).

5 Der Grundsatz der „**Bestimmtheit**“ (auch: Spezialitätsprinzip) besagt, dass sich Rechte und Verfügungen stets auf einen konkreten Gegenstand beziehen müssen. Man kann also nicht Eigentum an „irgendeinem Auto“ haben, sondern nur Eigentümer eines bestimmten PKW (der durch Kennzeichen oder Fahrgestellnummer eindeutig von allen anderen Fahrzeugen abgegrenzt werden kann) sein. Wer also in einem Warenlager bestimmte Gegenstände als Sicherheit für

eine Verbindlichkeit einsetzen will (unten Rn. 319), muss diese entweder räumlich von den anderen Gegenständen trennen oder sie durch Markierungen kennzeichnen. Ein ähnliches Prinzip gilt auch für Titel zur Zwangsvollstreckung (etwa den Tenor eines Urteils): Auch diese müssen so präzise bestimmt sein, dass etwa der Gerichtsvollzieher unmittelbar erkennt, welche Gegenstände er wegnehmen soll oder der Adressat eines Unterlassungstitels versteht, welches Verhalten er nicht vornehmen darf.

Der **Publizitätsgrundsatz** ergänzt diese beiden Prinzipien um den Gedanken, dass grundsätzlich Verfügungen über Sachen von außen erkennbar sein müssen. Bei beweglichen Sachen erfordert dies in aller Regel die Verschaffung von Besitz, d.h. tatsächlicher Sachherrschaft (unmittelbarer Besitz, unten Rn. 29) oder zumindest die Unterordnung des jetzigen Inhabers unter den Erwerber (mittelbarer Besitz). Dieses Prinzip wäre aber bei Grundstücken kaum handzuhaben – denn diese lassen sich schon flächenmäßig kaum beherrschen. Das schlichte Abstecken von „claims“ im Stil des Wilden Westen wäre mit einer rechtssicheren Zuordnung unvereinbar. Anknüpfungspunkt ist insoweit vielmehr das Grundbuch als amtliches Register (unten Rn. 42). Folge des Publizitätsprinzips ist, dass die „materielle Berechtigung“ (d.h. die wirkliche Rechtsinhaberschaft) und die „formelle Legitimation“ (d.h. die scheinbare Inhaberschaft) auseinanderfallen können. Deutlich ist dies vor allem bei Grundstücken, bei denen eine falsche Person nur aufwändig (§ 894 BGB, unten Rn. 247 ff.) aus dem Grundbuch entfernt werden kann. Der Rechtsschein kann sich insoweit nicht nur durch die Möglichkeit zum gutgläubigen Erwerb von der eingetragenen Person (§§ 891-893 BGB, unten Rn. 227 ff.), sondern auch durch die Möglichkeit zur Buchersitzung (§ 900 BGB, unten Rn. 249 ff.) gegenüber der wahren Rechtslage durchsetzen. Der Besitz als Publizitätsmerkmal bei beweglichen Sachen ist demgegenüber deutlich schwächer ausgeprägt: Er begründet zwar eine (im Prozess relevante) Vermutung (§ 1006 BGB, unten Rn. 81) und ermöglicht ebenfalls gutgläubigen Erwerb (§§ 932 ff. BGB) und Ersitzung (§ 937 BGB, unten Rn. 208 ff.). Jedoch schadet hier bereits „grobe Fahrlässigkeit“, zudem ist die Widerlegung der Vermutung in der Regel einfacher als bei einer Grundbucheintragung. **6**

Eine allein durch vertragliche Beziehungen beherrschte Welt wäre kaum praktikabel. Es müssten Vereinbarungen mit allen von der Sache auch nur potentiell betroffenen Personen getroffen werden. Die insoweit unverzichtbare Bedeutung dinglicher Rechte äußert sich in ihrer **Absolutheit**: Sie wirken nicht nur relativ gegenüber Personen, mit denen ein Vertrag geschlossen wurde, sondern **7** entfalten Wirkungen für und gegen jedermann. Ich darf also jeden von der Nutzung meines Eigentums faktisch ausschließen. Konkrete Ansprüche entstehen daraus aber wiederum nur im Verhältnis zu bestimmten Personen: Ich kann nur Schadensersatz oder Beseitigung von demjenigen verlangen, der mein Eigentum verletzt hat, Unterlassungsansprüche habe ich nur, soweit Wiederholungs- oder Erstbegehungsgefahr besteht (unten Rn. 33 ff.).

Typisch für sachenrechtliche Aufgabenstellungen ist, dass Sie zunächst herausfinden müssen, wer überhaupt der Inhaber des maßgeblichen Rechts ist (also etwa, wer Eigentümer eines PKW ist, das herausverlangt wird; wer Inhaber einer Grundschuld ist, aufgrund derer in ein Grundstück vollstreckt werden soll; etc.). Hier bietet sich eine chronologische Prüfung an: Man beginnt mit demjenigen, von dem man weiß, dass er jedenfalls sicher (irgendwann einmal) Berechtigter war und prüft dann in zeitlicher Reihenfolge, ob dieses Recht auf jemand anderen übergegangen ist. Hierdurch erhält man eine saubere und klare Struktur und eine feste Prüfungsreihenfolge gerade bei zeitlich gestreckten und verworrenen Vorgängen. Dabei ist (ähnlich wie im Strafrecht) neben der gesetzlichen Grundlage praktischerweise auch der tatsächliche Vorgang zu nennen, der diesen verwirklicht haben soll („Mit der Übergabe der Kompressoren durch A an X auf der Baustelle am 1. Juli 2013 könnte B gutgläubig nach §§ 929 S. 1, 932 Abs. 1 S. 1 BGB das Eigentum erworben haben.").

**8** Man sollte meinen, dass das Sachenrecht aufgrund der eingeschränkten Flexibilität deutlich einfacher zu lernen ist als das Schuldrecht, das wegen der großen Gestaltungsfreiheit von vielfältigen Abwägungen und Einzelfällen beherrscht wird. Leider ist dies jedoch nicht uneingeschränkt der Fall. Hierfür gibt es zwei wesentliche Ursachen: Einerseits erlangt das Sachenrecht seine praktische Bedeutung vor allem im Zusammenhang mit dem Zwangsvollstreckungsrecht, d.h. der staatlichen Durchsetzung von Ansprüchen. Dieses sehr formalistische Gebiet ist für den nicht damit befassten Praktiker und erst Recht für Studenten und Laien sehr anspruchsvoll. Andererseits haben sich seit Entstehung des BGB nicht nur vielfältige Gestaltungen in der Praxis etabliert, die im Gesetz allenfalls angedeutet sind (etwa die Sicherungsübereignung, unten Rn. 316 ff. oder der Eigentumsvorbehalt, unten Rn. 292 ff.), sondern auch Sonderregeln außerhalb des BGB gebildet (etwa im Wohnungseigentumsgesetz oder im Erbbaurechtsgesetz). Zudem wird das Zivilrecht gerade im Bereich des Immobiliarsachenrechts in großem Umfang durch öffentlich rechtliche Regelungen des Polizei- und Ordnungsrechts sowie des Baurechts überlagert. Ziel dieses Buches ist es daher, die zentralen Grundsätze in verständlicher Form aufzubereiten und so einen Blick auf die Systematik zu eröffnen. Die relevanten Meinungsstreitigkeiten lassen sich den auf der CD-ROM enthaltenen Klausurfällen und Urteilen entnehmen; im Text wird darauf nur kurz hingewiesen.

→ Übersicht 1

→ Test 1

# 2. Kapitel Grundbegriffe: „Sachen“ (§ 90 BGB) und „Verfügungen“

Schon im Allgemeinen Teil des BGB, also im Ersten Buch, wird der Begriff der **Sache** eingeführt (§ 90 BGB). Der Begriff bleibt dabei leider etwas farblos: Sache im Sinne des BGB soll jeder „körperliche Gegenstand“ sein. Dies erfasst auch gasförmige oder flüssige Gegenstände, nicht jedoch elektrischen Strom. Keine Sache im Sinne von § 90 BGB stellen Computerprogramme oder Downloadinhalte dar, wohl aber Festplatten, CDs, DVDs und andere Speichermedien. Keine Sachen sind aus ethischen Gründen zudem der menschliche Körper und mit ihm fest verbundene Objekte (z. B. Herzschrittmacher). Abgetrennte Bestandteilen (Haare, Urinprobe etc.) sind hingegen als Sachen zu behandeln. Auch Leichen sind Sachen, können aber aus ethischen Gründen nicht Privateigentum werden. Klar ausgenommen sind schließlich Rechte, etwa das Urheberrecht, ein Patent oder ein Kaufpreisanspruch. Für diese gilt nicht das Sachenrecht, sondern entweder Spezialregelungen (z. B. §§ 28 ff. UrhG) oder die im Schuldrecht verorteten Regelungen der §§ 398 ff. BGB. Allerdings gibt es hiervon Ausnahmen, so sind namentlich der Nießbrauch (§ 1068 BGB) und das Pfandrecht (§ 1273 BGB) an Rechten im Sachenrecht des BGB geregelt. **9**

Nach § 90a S. 1 BGB sind **Tiere** zwar keine Sachen. Es wäre aber unsinnig, die Übereignung und rechtliche Inhaberschaft von Tieren eigens zu regeln. Daher finden alle Vorschriften über Sachen auch auf Tiere Anwendung; ergänzend greifen nur besondere Schutzvorschriften (etwa das Tierschutzgesetz). In der Praxis (und der Klausur) hat § 90a BGB daher keine Konsequenzen; die Eigentumsübertragung an einem Pferd, einem Hund oder einer Katze erfolgt nach §§ 929 ff. BGB. **10**

Neben dem Begriff der „Sache“ ist der Begriff „**Verfügung**“ für das Sachenrecht prägend. Eine grobe Annäherung kann man §§ 873, 875, 877 BGB entnehmen, eine Legaldefinition gibt es leider nicht. Gemeint sind vier verschiedene Veränderungen in Bezug auf eine Rechtsposition: Die Übertragung (an einen Dritten), die Inhaltsänderung, die Belastung und die Aufgabe dieser Position. Abzugrenzen sind solche Verfügungen grundsätzlich von schuldrechtlichen Verpflichtungen: Zwar ist der Entleiher wie der Nießbrauchberechtigte zum Gebrauch der Sache berechtigt (§ 598 BGB), seine Position wirkt aber grund- **11** sätzlich nur relativ gegenüber dem konkreten Vertragspartner, nicht jedoch gegenüber künftigen Eigentümern. Erst wenn er Besitz erlangt hat, ist seine Position bei beweglichen Sachen in gewisser Weise dadurch abgesichert, dass er sein Recht zum Besitz trotz Übereignung gegenüber Dritten geltend machen kann (§ 986 Abs. 2 BGB, unten Rn. 95); bei Wohnraummiete wird sogar eine umfassende Drittwirkung angeordnet (§ 566 BGB). Der Begriff der „Verfügung" taucht insbesondere in § 161 BGB und § 883 BGB auf, wonach Zwischenverfügungen zum Schutz eines durch eine Vormerkung oder eine Bedingung geschützten Erwerbers unwirksam sind (unten Rn. 252); insoweit ist umstritten, inwieweit dies auch vor einer Vermietung vor der Eigentumsübertragung schützt (Rn. 237).

**12** Eng mit der „Verfügung" verknüpft ist die Frage nach „**Verfügungsbeschränkungen**" (§§ 135ff. BGB). Insoweit stellt § 137 S. 1 BGB zunächst einmal klar, dass diese nicht einfach durch Vereinbarungen zustande kommen können (etwas anderes regelt aber § 399 BGB für die Abtretung – dort ist ein Ausschluss explizit zugelassen). Im Übrigen unterscheidet man absolute und relative Verfügungsverbote. Ein absolutes Verfügungsverbot wirkt gegenüber jedermann, d.h. jeder kann sich auf die Nichtigkeit berufen. Das wichtigste solche Verfügungsverbot entsteht mit Eröffnung des Insolvenzverfahrens (§§ 80 f. InsO). Die Verfügungsmacht kann zudem mit absoluter Wirkung durch besondere Vorschriften beschränkt werden, so verbietet etwa § 1365 BGB Verfügungen eines Ehegatten über sein (!) Vermögen im Ganzen (zu Verfügungen über das Vermögen des anderen Ehegatten unten Rn. 169), § 2211 BGB untersagt dem Erben Verfügungen über Gegenstände, welche der Testamentsvollstreckung unterliegen. Demgegenüber wirken relative Verfügungsverbote nur zugunsten bestimmter Personen, d.h. das Geschäft ist gegenüber jedermann außer der geschützten Person wirksam. Praktische Bedeutung haben insoweit vor allem die gerichtliche Anordnung (§ 135 BGB, zur Überwindung durch gutgläubigen Erwerb noch unten Rn. 167, 185) sowie die noch näher zu untersuchende Vormerkung (§ 883 Abs. 2 BGB, unten Rn. 236), während § 161 BGB für die bedingte Übereignung beweglicher Sachen im Rahmen eines Eigentumsvorbehalts sogar absolute Unwirksamkeit bei Bedingungseintritt anordnet.

# I. Bewegliche und unbewegliche Sachen

Viele Regelungen im Sachenrecht gelten für alle Sachen, egal ob es sich um ein Fahrrad oder ein Einfamilienhaus handelt: Der Eigentümer soll entscheiden, wer die Sache nutzt (§ 903 BGB), darf Störungen abwehren (§ 1004 BGB) und Dritte dazu zwingen, ihm Besitz herauszugeben (§ 985 BGB). Im Hinblick auf Verfügungen (Rn. 11) behandelt das Gesetz jedoch nicht alle körperlichen Gegenstände gleich, sondern enthält besondere Regeln für „bewegliche Sachen" und „unbewegliche Sachen". Hintergrund ist, dass aufgrund der großen wirtschaftlichen Bedeutung für Grundstücke ein amtliches Register (das Grundbuch, unten Rn. 16 ff.) geführt wird, während dies für bewegliche Sachen (vom Kugelschreiber bis zum PKW) nicht praktisch umsetzbar wäre. 13

**1. Bewegliche Sachen.** Besondere Regelungen zu beweglichen Sachen („Fahrnis") finden sich zum Erwerb und Verlust des Eigentums in den §§ 929–984 BGB, zum Nießbrauch in §§ 1030–1067 BGB sowie zum Pfandrecht in §§ 1204–1259. Bewegliche Sachen sind alle Gegenstände, die nicht fest mit einem Grundstück verbunden sind (also dessen wesentlicher Bestandteil sind, §§ 93, 94 BGB), selbst wenn die Bewegung erheblichen Personal- oder Sachaufwand erfordert (etwa ein Zirkuszelt oder eine große Maschine in einer Fabrik). Bewegliche Sachen können auch Zubehör (§ 97 BGB, unten Rn. 24) und unwesentliche Bestandteile bzw. Scheinbestandteile eines Grundstücks sein (§ 95 BGB, unten Rn. 22). Dies ändert aber nichts an ihrer Rechtsnatur bzw. den Anforderungen an Verfügungen über sie. 14

**2. Unbewegliche Sachen.** „Unbewegliche Sachen" (Immobilien) sind Grundstücke und die darauf stehenden Gebäude als deren wesentliche Bestandteile, §§ 93 f. BGB (unten Rn. 22). Was ein Grundstück ist, wird gesetzlich nicht definiert. Allgemein versteht man darunter einen „räumlich abgegrenzten Teil der Erdoberfläche, der katastermäßig vermessen und bezeichnet ist sowie im Grundbuch auf einem eigenen Grundbuchblatt geführt wird". Regelungen zu unbeweglichen Sachen finden sich zunächst in den §§ 873–902 BGB, die schon ihrem amtlichen Titel nach „allgemeine Vorschriften über Rechte an Grundstücken" enthalten; der Eigentumserwerb an Grundstükken ist demgegenüber knapp in den §§ 925–928 BGB geregelt. Ausführlich sind demgegenüber andere Rechte an Immobilien ausgeführt, etwa das Erbbaurecht im ErbbauRG, das Wohnungseigentum im WEG, die Grunddienstbarkeiten in §§ 1018–1029 BGB, der Nießbrauch in §§ 1030–1089 BGB, die beschränkten persönlichen 15

Dienstbarkeiten in §§ 1090 ff. BGB, das (dingliche) Vorkaufsrecht in §§ 1094–1104 BGB, die Reallast in §§ 1105–1112 und insbesondere die Hypothek, Grundschuld und Rentenschuld in den §§ 1113–1203 BGB.

16 **3. Das Grundbuch.** Das Grundbuch als amtliches Register soll eine eindeutige Zuordnung der Rechte und Pflichten an Grundstücken gewährleisten. Soweit das BGB vom „Grundbuch“ spricht, ist aber nicht die Gesamtheit aller Eintragungen, sondern stets nur das ein konkretes Grundstück betreffende **„Grundbuchblatt“** (§ 3 GBO) gemeint, das wiederum in drei Abteilungen gegliedert ist: Die „Erste Abteilung“ (§ 9 GBV) benennt die Eigentümer (unten Rn. 79 ff.), die „Zweite Abteilung“ (§ 10 GBV) enthält Belastungen und sonstige eintragungsfähige Tatsachen wie Vormerkungen (unten Rn. 235 ff.), die „Dritte Abteilung“ (§ 11 GBV) betrifft schließlich Hypotheken (unten Rn. 271 ff.), Grundschulden (unten Rn. 326 ff.) und Rentenschulden. Zudem enthält jedes Blatt ein Bestandsverzeichnis (§§ 6, 7 GBV), welches das Grundstück durch Parzellennummer und Lage beschreibt sowie Angaben zu Wohnungseigentum enthält. Innerhalb des Grundbuchs werden zudem eigene „Wohnungsgrundbücher“ geführt (§ 8 Abs. 1 WEG, zum Wohnungseigentum noch unten Rn. 85). Anders als das Handelsregister (§ 9 HGB) ist das Grundbuch kein öffentliches Register (§ 12 GBO). Einsicht kann nur genommen werden, soweit im Einzelfall ein berechtigtes Interesse nachgewiesen wird.

17 Eine Eintragung im Grundbuch trägt aber die (widerlegbare) Vermutung der Richtigkeit in sich (§ 891 BGB), es entfaltet ähnlich wie das Handelsregister negative Publizität (§ 15 Abs. 1 HGB entspricht § 891 Abs. 2 BGB) hat aber noch weitergehende positive Publizität (§ 891 Abs. 1 BGB im Gegensatz zu § 15 Abs. 2, Abs. 3 HGB) und ermöglicht einen gutgläubigen Erwerb vom Eingetragenen (§§ 892 f. BGB, unten Rn. 227 ff.). Aus diesem Grunde ist bei der Führung des Grundbuchs besondere Sorgfalt erforderlich. Das Grundbuchrecht folgt dazu streng formalisierten **Verfahrensvorgaben.** Ein Verstoß bleibt dabei regelmäßig ohne Auswirkungen gegenüber Dritten und zieht allenfalls staatshaftungsrechtliche Konsequenzen nach sich (§ 839 BGB i.V.m. Art. 34 GG).

18 Eine Eintragung im Grundbuch setzt stets einen **Antrag** voraus (§ 13 Abs. 1 S. 1 GBO), der sowohl von dem durch die Eintragung Begünstigten als auch durch den dadurch Belasteten (§ 13 Abs. 2 GBO, für die Übertragung § 13 Abs. 1 S. 2 GBO) sowie durch den Notar, der die der Eintragung zugrunde liegenden Erklärungen beurkundet hat (§ 15 GBO), gestellt werden kann. Wer den Antrag stellt ist durchaus entscheidend, da nur der Antragsteller den Antrag bis zur erfolgten Eintragung wieder zurücknehmen kann. Als Verfahrenshandlung

kann er nicht unter eine Bedingung gestellt werden (§ 16 Abs. 1 GBO), zulässig ist nur die Verknüpfung einer Eintragung mit einer anderen (§ 16 Abs. 2 GBO), etwa zur Sicherung der Kaufpreiszahlung durch eine gleichzeitig mit der Eigentumsübertragung einzutragenden Hypothek. Ersetzt werden kann der Antrag durch das Ersuchen einer Behörde (§ 38 GBO), er ist nur bei Maßnahmen von Amts wegen (vgl. § 53 GBO zu Amtslöschung bzw. Amtswiderspruch) entbehrlich. Erfolgt eine Eintragung entgegen diesem Erfordernis, ist sie trotzdem wirksam; in Betracht kommen allenfalls Ansprüche wegen Amtshaftung aus § 839 BGB in Verbindung mit Art. 34 GG.

Das so genannte „formelle **Konsensprinzip**" (§ 19 GBO) verlangt, dass dem Grundbuchamt eine Bewilligung (nicht: die Einigung im Sinne von § 873 BGB, unten Rn. 273 ff.) desjenigen vorgelegt wird, den die Eintragung mittelbar oder unmittelbar betrifft. Maßgeblich ist die **Voreintragung** des Betroffenen (§ 39 Abs. 1 GBO), außer bei Eintragung von Briefgrundpfandrechten (§ 39 Abs. 2 BGB) bzw. in den Fällen des § 40 GBO (Erbe, Testamentsvollstrecker). Dies gilt sogar, wenn eine Person zu Unrecht eingetragen ist: Auch dann muss der zu Unrecht Eingetragene die Berichtigung bewilligen (vgl. § 894 BGB, unten Rn. 249). Bei Übertragung an einen Dritten muss dann sowohl die Bewilligung durch den fälschlich eingetragenen als auch diejenige des wahren Berechtigten nachgewiesen werden. Wird das Eigentum an einem Grundstück übertragen, ist nach § 20 GBO statt der Bewilligung der Nachweis der Auflassung in Form einer öffentlichen oder zumindest öffentlich beglaubigten Urkunde erforderlich (§ 29 GBO), obwohl nach § 925 Abs. 1 BGB eigentlich kein Formerfordernis für die Auflassung besteht (unten Rn. 222). Dies nennt man **„materielles Konsensprinzip"**. 19

Bei Rechten an Grundstücken hat der **„Rang"** der Rechte besondere Bedeutung: Vorrangige Berechtigte werden vor allen nachrangigen Begünstigten befriedigt. Das Grundbuchrecht folgt insoweit dem **Prioritätsprinzip**. Danach erfolgt die Eintragung grundsätzlich nach Eingang der Anträge (§ 45 GBO). Demgegenüber ermöglicht es das BGB, die Rangordnung durch Parteivereinbarung (durch „Rangvermerk", § 879 Abs. 3 BGB, § 45 Abs. 3 GBO) zu regeln. Auch eine nachträgliche Rangvereinbarung ist möglich (§ 880 BGB), wobei alle betroffenen Personen zustimmen müssen. Um Lücken vorsorglich offen zu halten, gewährt das BGB die Möglichkeit eines „Rangvorbehalts" (§ 881 BGB). Im Übrigen knüpft das BGB an den Eintragungstag an (§ 879 Abs. 1 S. 2 BGB), wenn die Rechte in verschiedenen Abteilungen eingetragen sind (also etwa eine Grundschuld in Abteilung 3 und ein Wohnrecht in Abteilung 2). Bei Eintragung am selben Tag haben zwei Rechte auch den selben Rang („Datumsprinzip"). 20

Was für Rechte in derselben Abteilung (also etwa zwei Grundschulden) gilt ist ungeregelt. Überwiegend wird im Verhältnis der Eingetragenen untereinander auf die zeitliche Reihenfolge abgestellt, im Verhältnis zu einem das Recht erwerbenden Dritten soll hingegen die räumliche Aufeinanderfolge („Locusprinzip“) maßgeblich sein.

**21** Im Grundbuch können nicht nur natürliche Personen (Menschen, § 1 BGB) oder juristische Personen (Städte, Aktiengesellschaften, Vereine etc.) eingetragen werden, sondern auch Personengesellschaften. Während OHG und KG nach § 124 HGB mit ihrer Firma eingetragen werden, müssen bei einer **GbR** (§§ 705 ff. BGB) neben der Gesellschaft alle Gesellschafter eingetragen werden (§ 47 Abs. 2 GBO). Bei jedem Gesellschafterwechsel ist eine Grundbuchberichtigung erforderlich (siehe nur § 82 S. 3 GBO). Die materiellen Folgen regelt § 899a BGB, der einen gutgläubigen Erwerb auf Grundlage einer veralteten Gesellschafterliste ermöglicht (unten Rn. 230).

→ Übersicht 2

## II. Wesentliche Bestandteile (§§ 93–95 BGB) und Zubehör (§ 97 BGB)

**22** Insbesondere bei der Verwertung von Grundpfandrechten begegnet uns der Begriff „**Bestandteile**“. Dies sind diejenigen Teile, die rein optisch mit einer oder mehreren anderen verbunden sind. Innerhalb dieser größeren Gruppe unterscheidet man „wesentliche“ und „unwesentliche Bestandteile“. Eine allgemeine Definition der wesentlichen Bestandteile enthält § 93 BGB, die in §§ 94, 95 BGB für Grundstücke präzisiert wird. Eine Sache ist wesentlicher Bestandteil, wenn die Trennung eines der beiden Elemente zerstört oder im Wesen verändert. Ohne Relevanz ist, ob die Nutzbarkeit der Gesamtsache entfällt. Kein wesentlicher Bestandteil ist etwa der (serienmäßige) Motor eines Pkw, da sowohl Motor als auch motorloses Fahrzeug als solche verwertbar sind (der Motor kann in ein anderes Fahrzeug eingebaut werden, in das Fahrzeug kann ein anderer Motor eingebaut werden) ( Urteil 1).

**23** Erleichternd bestimmt § 94 BGB, dass alle **mit einem Grundstück verbundenen Sachen** und noch mit dem Boden verbundene Erzeugnisse wesentliche Bestandteile eines Grundstücks sind. Wesentliche Bestandteile eines Gebäudes sind die „zur Herstellung eingefügten Sachen“, d.h. diejenigen, ohne welche ein Gebäude vom Verkehr nicht als fertiges Bauwerk akzeptiert würde; hierzu gehört etwa die Heizung, nicht aber Saunaanlage und Schwimmbad in einem Einfamilienhaus. Einschränkend nimmt § 95 BGB als „Scheinbestandteile“ solche Bestandteile aus, die nur zu einem vorübergehenden Zweck mit dem Grundstück bzw. dem Gebäude verbunden werden. Hierfür ist nicht die objektive Trennungsmöglichkeit, sondern der Wille desjenigen maßgeblich, der den Bestandteil mit dem Gebäude verbindet. Hatte derjenige, der die Verbindung vorgenommen hat nur ein vorübergehendes Nutzungsrecht (Mieter, Pächter), wird vermutet, dass es sich nur um einen Scheinbestandteil handelt. Umstritten ist daher etwa, ob eine Einbauküche „wesentlicher Bestandteil“ einer Wohnung ist (Urteile 2–4).

Schließlich kennt das BGB noch **„Zubehör“** (§ 97 BGB). Dies sind (unabhängig **24**
von der Frage, wer Eigentümer ist) alle bewegliche Sachen, die einer anderen Sache wirtschaftlich „dienen“, ohne gleichzeitig deren (trotz des mehrdeutigen Gesetzeswortlauts nur) wesentlicher Bestandteil zu sein. Sie sind also noch rechtlich selbstständig und können von diesem entfernt werden, stehen aber in einer räumlichen Beziehung. „Scheinbestandteile“ im Sinne von § 95 BGB sind in der Regel kein Zubehör, da sie der Hauptsache gerade nicht **dauerhaft** dienen sollen; ausgeschlossen ist dies freilich nicht. Beispiele für Zubehör finden sich in § 98 BGB, diese sind jedoch nicht abschließend. Soweit etwa eine Einbauküche nicht als wesentlicher Bestandteil qualifiziert wird (oben Rn. 23), gilt diese als Zubehör. Folgen hat die Eigenschaft als „Zubehör“ insbesondere bei Verträgen über ein Grundstück (§ 311c BGB) oder dessen Übereignung (§ 926 BGB), die im Zweifel auch das Zubehör mitumfassen oder bei Zwangsvollstreckung (§§ 1120 ff. BGB). Das Gesetz stellt ausdrücklich klar, dass insoweit die Verkehrsauffassung maßgeblich sein soll (§ 97 Abs. 1 S. 2 BGB) (Urteile 5, 6).

Im Sachenrecht ohne Bedeutung und nur im Schuldrecht relevant sind **„ver-** **25**
**tretbare Sachen“** (§ 91 BGB, gemeint sind Gegenstände, die nicht individualisiert werden, sondern untereinander austauschbar sind) und **„verbrauchbare Sachen“** (§ 92 BGB), deren Zweck der Verbrauch oder die Veräußerung ist.

→ Übersicht 3

## III. Nutzungen (§ 100 BGB), Früchte (§ 99 BGB), Gebrauchsvorteile und Lasten

**26** Insbesondere im Rahmen von §§ 987 ff. BGB (unten Rn. 103 ff.) steht der Begriff der „**Nutzungen**" im Vordergrund; er begegnet uns aber etwa auch im Kaufrecht (§ 446 Abs. 1 S. 2 BGB: Die Nutzungen gebühren ab Gefahrübergang dem Käufer) oder im Bereicherungsrecht (§ 818 Abs. 1 BGB statuiert eine Pflicht zur Herausgabe der Nutzungen). Eine Legaldefinition findet sich in § 100 BGB: Nutzungen sind danach der Oberbegriff für drei Arten von Vorteilen, die „Früchte einer Sache", die „Früchte eines Rechts" oder „sonstige Gebrauchsvorteile". Dabei sind Sachfrüchte, die Erzeugnisse einer Sache und die sonstige Ausbeute, die bestimmungsgemäß aus ihr gewonnen wird (§ 99 Abs. 1 BGB), etwa Eier, Milch oder auch Äpfel. Früchte eines Rechts sind demgegenüber Erträge, die ein Recht bestimmungsgemäß gewährt (§ 99 Abs. 2 BGB, etwa geerntetes Obst bei Pacht eines Grundstücks). Erfasst sind auch mittelbare Früchte, die durch ein anderes Rechtsverhältnis erlangt werden (etwa Miete eines Drittmieters, Pachtzins eines Steinbruchs). Gebrauchsvorteile erfassen über die Früchte hinaus alle Vorteile, die der Besitz der Sache oder die Innehabung des Rechts gewährt, etwa die Möglichkeit, einen Pkw zu benutzen.

**27** Der Gegenbegriff zu den „Nutzungen" ist derjenige der „**Lasten**", der im Allgemeinen Teil des BGB jedoch nicht definiert wird. Gemeint sind Pflichten, die den jeweiligen Eigentümer einer Sache treffen. Bedeutung erlangt der Begriff etwa in § 936 BGB (dem „lastenfreien" Erwerb, unten Rn. 191)

→ Übersicht 4
→ Test 2

# 3. Kapitel Besitz – tatsächliche Sachherrschaft und Besitzmittlungsverhältnisse

Während Eigentum (Rn. 79 ff.), beschränkt dingliche Rechte (Rn. 250 ff.) und Sicherheiten (Rn. 269 ff.) rechtliche Gestaltungen betreffen, steht im Besitzrecht eine tatsächliche Position in Rede (unmittelbarer Besitz, unten Rn. 29 ff.). Der Gesetzgeber wollte dies aber nicht völlig von der rechtlichen Zuordnung einer Sache trennen und hat daher zusätzlich die Möglichkeit geschaffen, Besitzer allein aufgrund eines schuldrechtlichen Verhältnisses bei entsprechendem Willen des Inhabers der Sachherrschaft zu sein (mittelbarer Besitz, unten Rn. 42 ff.). **28**

## I. Unmittelbarer Besitz (§ 854 BGB)

**1. Tatsächliche Sachherrschaft, Besitzdiener (§ 855 BGB) und Erbenbesitz (§ 857 BGB), Gewahrsam.** Das 3. Buch des BGB beginnt mit Regelungen zum (sachenrechtlichen) „Besitz", der keinesfalls mit dem „Erbschaftsbesitz" (§ 2018 BGB) verwechselt werden darf. Leider erklärt das Gesetz nicht, was dieser „Besitz" eigentlich ist, sondern beginnt in § 854 BGB unmittelbar mit einer Regelung, wie man diesen erwirbt. Im Ausgangspunkt meint der (unmittelbare) Besitz die „**tatsächliche Sachherrschaft**", d.h. die Möglichkeit, körperlich auf eine Sache einzuwirken und andere von dieser auszuschließen. Die Kleidung, die ich am Körper trage, das Bett in dem ich schlafe oder das Buch, das ich in der Hand halte, wird insoweit als Rechtsposition anerkannt. Besitz kann an beweglichen Sachen, aber auch an Grundstücken bestehen. Es kommt nicht darauf an, ob der Besitzer ein Recht zur Ausübung der Sachherrschaft hat, d.h. auch der Dieb ist unmittelbarer Besitzer. Auch ist ohne Bedeutung, ob die Sache als eigene oder nur für einen anderen (etwa ein entliehenes Buch oder die gemietete Wohnung) genutzt oder verwahrt wird. **29**

Die **Abgrenzung der Herrschaftssphären** kann im Einzelfall schwierig sein. So muss man etwa feststellen können, wer Besitzer von Waren im Einkaufswagen eines Kunden im Supermarkt ist (was insbesondere bei Sonderverkäufen **30** durchaus Anlass von Ausschreitungen sein kann). Hier kann der aus dem Strafrecht stammende Begriff der „Gewahrsamsenklave“ helfen: Erst dann, wenn die Ware in einen vom Betreiber nicht mehr uneingeschränkt erreichbaren Bereich verbracht wird (in der Regel in der Kleidung oder am Körper eines Kunden), verliert dieser seinen Besitz. Im Übrigen behält der Ladenbetreiber bis zum Verlassen des Kassenbereichs den unmittelbaren Besitz.

31 **Unmittelbarer Besitz**

1. Tatsächliche Sachherrschaft oder Zuordnung nach Verkehrsanschauung
2. Besitzwille (tatsächlicher Wille, auch Geschäftsunfähige!)
3. Nicht: Soziale Abhängigkeit und Weisungsbindung (sonst: Besitzdiener, § 855)

32 Dieses offensichtliche Verständnis muss aber noch in einigen Punkten korrigiert werden, um mit unserer Wahrnehmung in Übereinstimmung gebracht zu werden. Wenn mein Auto am Straßenrand parkt, während ich im Urlaub in den USA weile, kann ich die tatsächliche Sachherrschaft nicht ausüben. Dennoch soll ich durch einen solchen, bloß vorübergehenden Verlust des Einflusses meine Besitzposition nicht verlieren (§ 856 Abs. 2 BGB). Man kann also Besitzer bleiben, obwohl man vorübergehend den Einfluss auf die Sache verloren hat, wenn ein solches Verständnis der Verkehrsanschauung entspricht. Dieser Gedanke gilt damit zwangsläufig auch umgekehrt: Ich werde nicht Besitzer des Sitzes im Hörsaal, obwohl ich physisch für kurze oder längere Zeit auf diesem sitze; ebenso wenig bin ich Besitzer des Bestecks in der Mensa. Schließlich können auch juristische Personen (GmbH, AG, Vereine, Städte, die Bundesrepublik Deutschland etc.) und Personengesellschaften (GbR, OHG etc.) Besitzer sein; für sie üben die jeweiligen Organe (der Bürgermeister, der Vorstand, die Gesellschafter etc.) die tatsächliche Sachherrschaft aus. Man spricht von einer „**Korrektur durch die Verkehrsanschauung**“.

33 Eine weitere Korrektur nimmt das Gesetz ausdrücklich in § 855 BGB vor: Danach gibt es „**Besitzdiener**“, die zwar die tatsächliche Sachherrschaft ausüben, aber dennoch keine eigene Rechtsposition erlangen (sie dürfen nur den Besitz ihres „Besitzherrn“ verteidigen, § 860 BGB). Gemeint sind sozial abhängige Personen, etwa der Arbeiter, der nicht Besitzer des ihm vom Arbeitgeber gestellten Werkzeugs werden soll, der Butler, der nicht Besitzer des von ihm polierten Tafelsilbers wird oder die Sekretärin, die nicht als Besitzerin ihrer Kugelschreiber gilt. Diese sind Weisungen unterworfen, ähneln also den Verrichtungsgehilfen im Sinne von § 831 BGB.

Eine umgekehrte Korrektur sieht das Gesetz für den **Erbfall** vor. Nach § 1922 **34**
BGB tritt ein Erbe in der Sekunde des (Hirn-)Tods des Erblassers in dessen Rechte und Pflichten ein. Der unmittelbare Besitz ist aber wie dargestellt gerade kein solches Recht. Der Erbe mag möglicherweise gar nichts von seinem Rechtserwerb wissen oder räumlich weit von der betroffenen Sache entfernt sein. Nach § 857 BGB tritt der Erbe in die Besitzposition des Verstorbenen ein. Er gilt also als unmittelbarer Besitzer selbst dann, wenn er nie Gelegenheit hatte, tatsächliche Sachherrschaft auszuüben. Praktische Bedeutung entfaltet dies vor allem im Rahmen von § 935 BGB, der bewirkt, dass Sachen, die gegen den Willen der Erben aus dem Nachlass entwendet werden „abhanden gekommen" sind und daher nicht gutgläubig erworben werden können (Rn. 186).

Unverzichtbar für den Besitz ist ein entsprechender **Wille**: Wenn mir jemand **35**
auf dem Flughafen heimlich Drogen in meinen Rucksack steckt, bin ich nicht deren „Besitzer" (und daher auch nicht strafbar). Es ist demgegenüber nicht erforderlich, dass ich weiß, dass eine Sache in meinem Machtbereich ist, um diese zu besitzen. Die Fernsehzeitung, die hinter meine Couch gefallen ist, bleibt in meinem Besitz. Weitergehend wird unterstellt, dass der Betreiber eines Supermarktes alle im Ladenlokal befindlichen (Wert-)Gegenstände besitzen will, d. h. auch verlorene Gegenstände der Kunden (Urteil 7).

Liegen die geschilderten Voraussetzungen (tatsächliche Sachherrschaft oder je- **36**
denfalls Zuordnung nach der Sozialanschauung und Besitzwille) vor, ist der Betreffende „**unmittelbarer Besitzer**". Im Strafrecht (z. B. §§ 242, 246 StGB) oder im Zwangsvollstreckungsrecht (z. B. §§ 808, 809, 886 ZPO) wird der Begriff „**Gewahrsam**" verwendet. In diesen Rechtsgebieten wird die Regelung des § 857 BGB im Strafrecht nicht angewandt, d. h. der Erbe ist nur dann Gewahrsamsinhaber, wenn er die tatsächliche Sachherrschaft ergriffen hat. Im Strafrecht gibt es zudem keine „Besitzdiener" (wohl aber „Gewahrsamshelfer", für die eigene Kriterien gelten) und juristische Personen können keinen Gewahrsam haben; im Zivilprozessrecht soll es bei Besitzdienern auf die Erkennbarkeit ankommen. Ansonsten stimmt der Begriff des „Gewahrsams" aber mit dem „unmittelbaren Besitz" im Sinne des BGB überein. Grundsätzlich kann daher eine Zwangsvollstreckung in eine bewegliche Sache nur erfolgen, wenn entweder ein Titel gegen den unmittelbaren Besitzer vorliegt oder dieser zustimmt (§ 809 ZPO); bei Verstößen ist Vollstreckungserinnerung nach § 766 ZPO einzulegen. Der unmittelbare Besitzer kann hingegen nicht Drittwiderspruchsklage (§ 771 ZPO) erheben, da seine Position anders als diejenige des mittelbaren Besitzers (unten Rn. 42 ff.) kein die Veräußerung hinderndes Recht darstellt.

37 **2. Erlangung, Übertragung und Verlust (§§ 854, 856 BGB).** Der unmittelbare Besitz wird nach § 854 Abs. 1 BGB erlangt durch die „Erlangung der tatsächlichen Gewalt über die Sache“ mit entsprechendem Willen. Dieser Wille ist nicht von der Geschäftsfähigkeit abhängig. Das Baby, das sich einen Lutscher greift, wird unmittelbarer Besitzer, obwohl es nach § 104 BGB nicht geschäftsfähig ist. Ihm stehen sogar die Gewaltrechte des § 859 BGB (unten Rn. 75 ff.) zu, es kann sich also gegen die Wegnahme des Lutschers wehren. Der Besitzer muss die Sache nicht persönlich entgegennehmen; er kann Besitzdiener (§ 855 BGB) einsetzen. Das bedeutet, dass etwa die Putzfrau, die einen Diamantring im Supermarkt findet, keinen eigenen Besitz begründet, sondern im Moment des Auffindens sofort der Supermarktinhaber unmittelbarer Besitzer wird (also nicht erst in dem Moment, in dem die Putzfrau den Diamantring abliefert).

→ Fall 1

38 In der Praxis erfolgt meist der Erwerb nicht durch erstmalige Begründung von Besitz („originärer Besitzerwerb“), sondern abgeleitet von einem früheren Besitzer („derivativer Besitzerwerb“). Das Gesetz bezeichnet dies in einer auch für Laien verständlichen Weise als „**Übergabe**“ (etwa in § 929 S. 1 BGB). In diesem Fall ist neben der Begründung des neuen Besitzes entweder durch Begründung tatsächlicher Sachherrschaft (Rn. 37) oder Möglichkeit zur Gewaltausübung (Rn. 39) auch der Verlust jeglicher Besitzposition durch den Veräußerer erforderlich. Ohne Besitzverlust führt die Begründung von Besitz zu schlichtem Mitbesitz zwischen Veräußerer und Erwerber (unten Rn. 57).

39 Nach § 854 Abs. 2 BGB kann Besitz bereits vor der Erlangung der tatsächlichen Gewalt durch **bloße Einigung** erlangt werden, wenn der Erwerber bereits die Möglichkeit hat, die Sache zu beherrschen. Die Regelung betrifft ausdrücklich nur den derivativen Erwerb und erfüllt ebenfalls die Voraussetzungen einer „Übergabe“, wenn der Veräußerer nach außen erkennbar seine Herrschaftsbefugnis vollständig aufgibt. Da hier allein auf die Einigung abgestellt wird, wird diese als Rechtsgeschäft behandelt. Dies bedeutet, dass die §§ 104 ff. BGB Anwendung finden und auch eine Stellvertretung (§§ 164 ff. BGB) möglich ist. Dabei sind aber Modifikationen vorzunehmen; so entfaltet die Anfechtung entgegen § 142 Abs. 1 BGB keine Rückwirkung (da sonst nachträglich ein Abhandenkommen im Sinne von § 935 BGB, unten Rn. 186, fingiert werden könnte) und auch bei Handeln aufgrund einer Generalvollmacht muss der Vertretene einen Besitzwillen haben (Urteil 8).

Eine gewisse Lücke entsteht allerdings für Fälle, in denen jemand außerhalb eines sozialen Abhängigkeitsverhältnisses bzw. einer generellen Weisungsunterworfenheit für einen anderen in dessen Auftrag Gegenstände entgegennimmt oder diese abgibt, z. B. der Nachbar, der gebeten wird, eine Zeitung vom Kiosk mitzubringen. Solche Personen fallen nicht unter § 855 BGB, sind also keine Besitzdiener. Das BGB verlangt hier, dass diese selbst unmittelbarer Besitzer werden (mit einem Hintermann als „Besitzmittler", unten Rn. 46). Dies kann aber fatale Folgen insbesondere beim Eigentumserwerb nach § 929 S. 1 BGB haben (unten Rn. 151 ff.). Aus diesem Grund wird bei fehlendem Besitzmittlungsverhältnis und fehlender Weisungsgebundenheit *nur* im Einzelfall für die Übereignung eine sog. „**Geheißperson**" angenommen (Rn. 154). **40**

Auch der Verlust des unmittelbaren Besitzes ist ausdrücklich geregelt (§ 856 BGB): Der Besitz endet, wenn die tatsächliche Gewalt über die Sache (freiwillig) aufgegeben wird oder auf sonstige Weise verloren geht (vgl. zur an ähnliche Voraussetzungen geknüpften Dereliktion des Eigentums § 959 BGB, unten Rn. 210). Die Aufgabe erfolgt durch nach außen sichtbares Handeln oder Unterlassen, das vom Willen des Betroffenen getragen ist (etwa: Wegwerfen, Verbrennen etc.). Der Verlust auf andere Weise erfolgt demgegenüber ohne den Willen (Verlieren, Bestohlen werden etc.); er verhindert in der Regel einen gutgläubigen Eigentumserwerb durch Dritte (§ 935 BGB, näher unten Rn. 186). **41**

## II. Mittelbarer Besitz (§ 868 BGB)

Schon beim Besitzdiener (§ 855 BGB, oben Rn. 33) zeigte sich, dass die schlichte Anknüpfung an die physische Einwirkungsmöglichkeit auf eine Sache kaum genügt, um die komplexen Beziehungen unserer Gesellschaft abzubilden. Noch weitergehend wird dieses System aber durch die Regelungen zum „mittelbaren Besitz" (§ 868 BGB) modifiziert: Dabei besitzt eine Person für eine andere, sie hat „**Fremdbesitzwillen**". Solche Fälle begegnen uns ständig, etwa bei der Miete von Wohnungen, der Leihe von Büchern aus einer Bibliothek oder dem Aufbewahren von Garderobe in einer Disco. In diesen Fällen wird derjenige, der die Sache aus der Hand gegeben hat, weiterhin als (mittelbarer) Besitzer behandelt. Wie der unmittelbare Besitz geht auch der mittelbare Besitz mit dem Tod nach § 857 BGB auf den Erben über, selbst wenn dieser davon nichts weiß. **42**

43 **Mittelbarer Besitz**
1. Besitzmittlungsverhältnis / Besitzkonstitut: Vertrag
2. Herausgabeanspruch
3. Fremdbesitzwille)

44 Erste Voraussetzung für die Annahme von mittelbarem Besitz ist das Vorliegen eines **Schuldverhältnisses** zwischen demjenigen, der die tatsächliche Sachherrschaft ausübt (unmittelbarer Besitzer = Besitzmittler) und demjenigen, für den er besitzt (mittelbarer Besitzer), das so genannte „Besitzkonstitut" (§ 868 BGB). Das Gesetz nennt dazu einige Beispiele (etwa Miete, Verwahrung, Pacht etc.), die aber nicht abschließend sind. So erhält etwa auch der Werkunternehmer (§ 631 BGB), bei dem ich mein Auto zur Reparatur abliefere, unmittelbaren Besitz – ich bleibe aber mittelbarer Besitzer. In ähnlicher Weise stellt auch eine Vereinbarung, nach der ich eine eigene Sache einer Bank zur Sicherheit übereigne (Sicherungsabrede) ein Besitzkonstitut dar (unten Rn. 316 ff.). Auch die Ehe (§ 1353 BGB) bzw. Lebenspartnerschaft (§ 2 LPartG) kann ein solches Besitzkonstitut im Hinblick auf die Sachen des anderen Ehegatten begründen (etwa im Hinblick auf das gemeinsam genutzte Sofa, das jedoch Eigentum des Ehemanns ist). Auf die Wirksamkeit dieses Rechtsverhältnisses kommt es nicht an – auch ein (unerkannt) nichtiger Vertrag kann daher ein Besitzmittlungsverhältnis begründen.

45 Dieses Schuldverhältnis genügt aber nicht. Vielmehr muss es einen wirksamen **Herausgabeanspruch** desjenigen geben, der mittelbarer Besitzer werden soll. Ein solcher Anspruch kann sich aus dem Schuldverhältnis ergeben (etwa § 546 Abs. 1 BGB oder § 695 BGB) oder aber losgelöst von Verträgen unmittelbar aus dem Gesetz folgen (etwa weil der Besitzmittler Eigentümer ist, § 985 BGB, unten Rn. 90 ff.), was insbesondere bei unwirksamem Besitzkonstitut relevant wird. Es kommt nicht darauf an, ob der Anspruch bei Begründung des mittelbaren Besitzes bereits durchsetzbar ist, was im Regelfall bei Miete vor Kündigung bzw. Ende der Mietzeit nicht der Fall sein dürfte. Soweit ein Gläubiger des Besitzmittlers die Zwangsvollstreckung betreibt, kann der mittelbare Besitzer, auch wenn er nicht Eigentümer ist, Drittwiderspruchsklage erheben (§ 771 ZPO), da sein Herausgabeanspruch ein „die Veräußerung hinderndes Recht" darstellt.

46 Schließlich wird für den mittelbaren Besitz verlangt, dass der unmittelbare Besitzer (=Besitzmittler) die Sache nicht als eigene besitzt, sondern den übergeordneten Besitz des mittelbaren Besitzers als übergeordnet anerkennt (sog.

„**Fremdbesitzwille**“). Sobald er diesen Willen nach außen erkennbar aufgibt und die Sache als eigene besitzt (also „Eigenbesitz“ im Sinne von § 872 BGB begründet), erlischt der mittelbare Besitz. Der geheime Vorbehalt, die Sache nunmehr nicht mehr herauszugeben, genügt hierfür hingegen nicht (arg. ex § 116 BGB).

Für die Übertragung mittelbaren Besitzes (also den „derivativen Erwerb“) findet sich eine besondere Regelung in § 870 BGB. Erforderlich dafür ist die Abtretung des Herausgabeanspruchs gegen den Besitzmittler. Die Abtretung bedarf keiner Form und muss dem Besitzmittler nicht angezeigt werden. Dieser kann aber, solange er von der Abtretung nichts weiß, die Sache an den früheren mittelbaren Besitzer herausgeben (§ 407 BGB). Zu beachten ist, dass nur Herausgabeansprüche aus dem Schuldverhältnis (also etwa § 546 Abs. 1 BGB oder § 695 BGB) oder Herausgabeansprüche aus den gesetzlichen Schuldverhältnissen des 2. Buchs des BGB (also §§ 677 ff., 812, 823) abgetreten werden können; die Ansprüche aus §§ 861, 1007, 985 BGB sind hingegen nicht abtretbar, weil sie gerade an die zu übertragende dingliche Position anknüpfen (siehe oben Rn. 7 zur Absolutheit dinglicher Rechte). **47**

**Hinweis:** **48**
Bei mittelbarem Besitz erfolgt eine „**Übergabe**“, indem der mittelbare Besitzer die Herausgabeansprüche aus dem Besitzmittlungsverhältnis an den Erwerber abtritt **und** der bisherige unmittelbare Besitzer (insbesondere aufgrund einer Anweisung des Besitzmittlers) künftig nur noch für den Erwerber besitzt. Dabei erlangt der Erwerber mittelbaren Besitz und der Veräußerer verliert jegliche Besitzposition. In der Praxis erfolgt eine entsprechende Anweisung an den unmittelbaren Besitzer aber in der Regel nicht; für den Eigentumserwerb existiert daher die Sonderregelung des § 931 BGB (unten Rn. 160 ff.).

In vielen Gestaltungen ist der mittelbare Besitz leider nicht so deutlich wie bei den in § 868 BGB beispielhaft genannten Fällen. Nachvollziehbar ist, dass ein Kaufvertrag (§ 433 BGB) als Besitzkonstitut wirkt, wenn die verkaufte Sache unter „Eigentumsvorbehalt“ bis zur vollständigen Zahlung des Kaufpreises übergeben wird (unten Rn. 292 ff.). Dabei agiert der Käufer als Besitzmittler für den Verkäufer, obwohl für den Normalfall eine Herausgabe nicht beabsichtigt ist (unten Rn. 302). Ähnlich kann man auch rechtfertigen, dass die Sicherungsabrede bei Übereignung einer Sache zur Sicherung einer Forderung ein Besitzkonstitut darstellt (Sicherungseigentum, unten Rn. 316 ff.). Auch dort verbleibt **49** die Sicherheit beim Sicherungsgeber, wobei eine Herausgabe erst bei Eintritt des (von beiden Parteien unerwünschten) Sicherungsfalls erfolgen soll.

**50** Zur Verwirrung geeignet ist auch die Besitzlage bei **Zwangsvollstreckung in bewegliche Sachen**, wo die Besitzmittlungsverhältnisse auf öffentlich-rechtlicher Grundlage entstehen: Verbleibt die Sache beim Vollstreckungsschuldner (§ 808 Abs. 2 ZPO) wird dieser unmittelbarer Fremdbesitzer zugunsten des Gerichtsvollziehers als mittelbaren Fremdbesitzer erster Stufe. Auch der Gerichtsvollzieher besitzt aber nicht für sich selbst, sondern für den Vollstrekkungsgläubiger als mittelbaren Fremdbesitzer zweiter Stufe. Auch der Vollstreckungsgläubiger besitzt aber nicht für sich selbst, sondern für den Vollstreckungsschuldner (der mittelbarer Eigenbesitzer 3. Stufe ist!). Es gibt also einen Besitzkreisel:

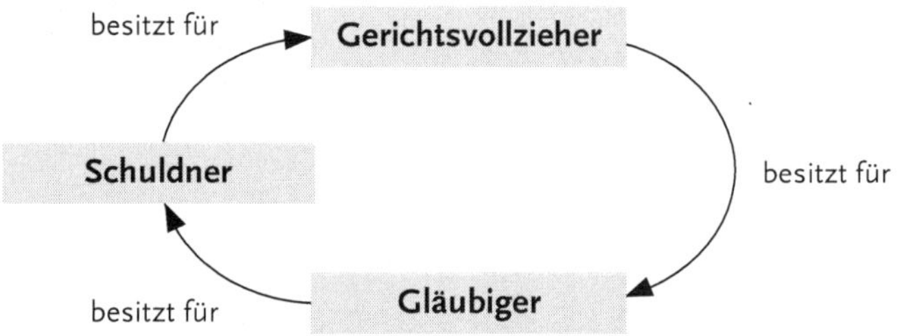


**51** Noch kurioser ist die Besitzlage bei der „**Girosammelverwahrung**" von Inhaberaktien, die immerhin als Wertpapiere gegenüber der Aktiengesellschaft den Nachweis der Eigentümerstellung ermöglichen sollen. Eine Vorlage der physischen Dokumente erfolgt dabei nicht, diese werden vielmehr zentral verwahrt, bei größeren Unternehmen ist sogar die Einzelverbriefung ausgeschlossen (§ 10 Abs. 5 AktG) und es gibt noch nicht einmal einzelne Urkunden, welche die Aktionäre sich herausgeben lassen könnten. Dennoch soll an den bei der Clearstream Banking verwahrten Aktien mittelbarer Mitbesitz einer Kette von Zwischenverwahrern bestehen, die letztlich beim Aktionär als mittelbarer (Mit-)Besitzer x.Grades endet. Die Besitzverhältnisse sind dabei auf jeder Stufe in einem Verwahrungsbuch dokumentiert, § 14 DepotG. Selbst wenn es Einzelstücke gibt, bezieht sich der Besitz (entgegen dem Bestimmtheitsgrundsatz) nicht etwa auf bestimmte Stücke, sondern auf beliebige Aktien aus dem Bestand, ein Anspruch auf Herausgabe bestimmter Aktien kann auf keiner der Stufen verlangt werden (§ 6 DepotG). Der mittelbare Besitz wird hier also nur fingiert, um den wertpapierrechtlichen Grundsätzen (Inhaberpapiere) Genüge zu tun und eine Übereignung nach § 931 BGB zu ermöglichen. Der Nachweis der Aktionärsstellung in der Praxis hat sich schon lange von der Vorlage der Aktienurkunde gelöst (vgl. nur § 123 AktG).

Wenn eine Person, die nicht vor Ort anwesend ist, möglichst zeitnah mittelba- **52**
rer Besitzer werden soll, gibt es zwei mögliche Gestaltungen:

- Man kann ein **antizipiertes Besitzmittlungsverhältnis** (d.h. vorweggenom- **53**
menes, nicht „antezipiertes" – denn der Ausdruck stammt vom lateinischen „anticipare") vereinbaren. Dies bedeutet, dass sich die Parteien bereits vor Erlangung des unmittelbaren Besitzes einig sind, dass der Erwerber, sobald er den Besitz erlangt, für den anderen besitzen soll. Eine gewisse Herausforderung bedeutet insoweit der Bestimmtheitsgrundsatz (oben Rn. 5): Die Sache muss bereits bei dieser Vereinbarung so genau bezeichnet werden, dass jeder, dem die Vereinbarung offengelegt würde, in der Lage wäre, die betroffene Sache von anderen zu unterscheiden. Zudem muss auch bei einem antizipierten Besitzkonstitut der Besitzmittler im Zeitpunkt der Erlangung des unmittelbaren Besitzes Fremdbesitzwillen haben, d.h. den Besitz gerade für den mittelbaren Besitzer erlangen. Hat er sich inzwischen anders entschieden, erwirbt er Eigenbesitz und der Hintermann geht leer aus (zu den Folgen für den Eigentumserwerb (Urteil 9).
- Möglich ist alternativ, dass derjenige, der die Sache in unmittelbaren Besitz **54**
nimmt, gleichzeitig den Hintermann vertritt und so (unter Befreiung vom Verbot des § 181 BGB) mit sich selbst nach deren Erhalt ein Besitzmittlungsverhältnis zugunsten des Vertretenen vereinbart. Die Vereinbarung des Besitzkonstitut muss dabei nach außen erkennbar gemacht werden. Man spricht insoweit auch von einem „**Insichkonstitut**". Gegenüber dem antizipierten Besitzkonstitut hat dies jedoch den Nachteil, dass es einen Durchgangserwerb des späteren Besitzmittlers gibt, der etwa zum Entstehen eines Vermieterpfandrechts (unten Rn. 349) genügt. Allerdings stellt sich das Problem der Bestimmtheit nicht – denn die konkrete Sache befindet sich zu diesem Zeitpunkt bereits im Besitz des Empfängers (Urteil 10).

## III. Besitz mehrerer (Mitbesitz, Teilbesitz, Nebenbesitz), §§ 865, 866 BGB

**55** In vielen Fällen ist nicht eine Person Besitzer einer Sache, sondern dieser wird von mehreren geteilt. Das BGB kennt dazu mehrere Gestaltungen:

**56** • Beim „**Teilbesitz**“ (§ 865 BGB) hat jeder Beteiligte Besitz an einem abgrenzbaren Teil einer einheitlichen Sache, etwa eines Zimmers in einer WG. Zur Ausübung seines Besitzes bedarf er nicht der Mitwirkung der anderen. Da es sich um eine einheitliche Sache handeln muss, scheidet eine dauerhafte Trennung aus, insbesondere kann es also kein „Teileigentum“ geben (siehe aber unten Rn. 84 zum „Bruchteilseigentum“).

**57** • Demgegenüber wird beim „**Mitbesitz**“ (§ 866 BGB) die Herrschaft über die Sache von mehreren ausgeübt, ohne dass einzelne Teile abgegrenzt werden könnten. Dies betrifft etwa die Gemeinschaftsräume der WG. Neben dem „schlichten Mitbesitz“, bei dem jeder unabhängig von den anderen den Besitz ausüben kann, gibt es auch „qualifizierten Mitbesitz“, bei dem alle Besitzer zusammenwirken müssen, um die Sache zu nutzen. Dies ist etwa der Fall bei einem Safe, der nur mit den Schlüsseln mehrerer Besitzer geöffnet werden kann. Bedeutung hat dies evtl. bei Begründung eines Pfandrechts (Rn. 347).

**58** • Wenn ein Besitzmittler oder ein mittelbarer Besitzer seinerseits ein Besitzkonstitut mit einem Dritten schließt, entsteht „**gestufter mittelbarer Besitz**“ (§ 871 BGB). Die Stufen werden dabei ausgehend vom unmittelbaren Besitzer gezählt, d.h. derjenige, der Eigenbesitzer ist, steht auf der obersten Stufe. So mag der Mieter einer WG-Wohnung ein Zimmer aus dieser Wohnung an einen Untermieter vermieten. Dann gibt es dreistufigen mittelbaren Besitz am Zimmer: Der Untermieter des Zimmers ist unmittelbarer Fremdbesitzer (und Besitzmittler für den Mieter), der Mieter ist mittelbarer Fremdbesitzer 1. Stufe (und Besitzmittler für den Vermieter) und der Vermieter ist mittelbarer Eigenbesitzer 2. Stufe.

| | |
|---|---|
| **Untermieter** | unmittelbarer Fremdbesitzer |
| **Mieter** | mittelbarer Fremdbesitzer 1. Stufe |
| **Vermieter** | mittelbarer Eigenbesitzer 2. Stufe |

- Eine von den Beteiligten ungewollte Erscheinung ist der im Gesetz nicht geregelte so genannte „**gleichstufige Nebenbesitz**" mehrerer mittelbarer Besitzer. Dabei hat ein unmittelbarer Besitzer gegenüber verschiedenen Personen unabhängig voneinander und in Unkenntnis der jeweils anderen erklärt, für jeweils einen von ihnen zu besitzen. Nach allgemeinen Grundsätzen muss man in der jeweils späteren Erklärung die Aufgabe des Fremdbesitzwillens zugunsten des früheren mittelbaren Besitzers sehen. Es ist aber auch denkbar, dass der Besitzmittler sich diese Entscheidung offen halten will – er also erst später entscheiden will, ob er die Sache dem ersten oder dem zweiten mittelbaren Besitzer herausgeben will. Ob dieser Wille rechtlich beachtlich sein soll (mit der Folge, dass der mittelbare Besitz des früheren mittelbaren Besitzers erst mit Herausgabe der Sache oder einem anderen eindeutigen Verhalten endet), wird unterschiedlich beurteilt. Die überwiegende Auffassung lehnt eine solche Auslegung wegen der damit verbundenen Rechtsunsicherheit ab, da diese mit dem Gedanken des Typenzwangs (Rn. 4) unvereinbar sei. So würde insbesondere die Eigentumsvermutung des § 1006 Abs. 3 BGB bei Annahme von Nebenbesitz zu unlösbaren Widersprüchen führen. Für die Anerkennung gibt es kein berechtigtes Interesse, denn die Sache kann letztlich nur einem mittelbaren Besitzer herausgegeben werden. Daher führt der Abschluss eines weiteren Besitzmittlungsverhältnisses stets zum Erlöschen bisheriger mittelbarer Besitzverhältnisse, wenn nicht gestufter mittelbarer Besitz vereinbart ist. Bedeutung erlangt dies beim gutgläubigen Eigentumserwerb nach § 934, 2. Var. BGB (unten Rn. 180) **59**

## IV. Ansprüche des Besitzers, §§ 861 ff., 1007 BGB

Bedeutung hat der Besitz nicht nur für den Eigentumserwerb an beweglichen Sachen nach §§ 929 ff. BGB (unten Rn. 151 ff.) und wegen der an diesen anknüpfenden Eigentumsvermutung des § 1006 BGB (Rn. 81), sondern auch im Rahmen der dem mittelbaren und unmittelbaren Besitzer unabhängig vom Eigentum zustehenden Ansprüchen. **60**

61 **Hinweis:**
Diese Ansprüche werden leider in Klausuren oft übersehen – Sie sollten in der Regel zuerst jedenfalls die possessorischen Besitzschutzansprüche (unten Rn. 62 ff.) prüfen, bevor Sie überhaupt zu den Ansprüchen aus Eigentum kommen. Dies gilt insbesondere dann, wenn Sie etwa überlegen, einen Mieter durch einen quasi-negatorischen Beseitigungsanspruch nach §§ 823 Abs. 1, 1004 BGB (unten Rn. 117) zu schützen, obwohl zu dessen Gunsten auch § 862 BGB eingreifen würde.

62 **1. Possessorischer Besitzschutz (§§ 861, 862 BGB).** Das Gesetz definiert in § 858 Abs. 1 BGB den (sehr weiten) Begriff der **„verbotenen Eigenmacht"**. Darunter wird jede Beeinträchtigung des unmittelbaren Besitzers in der Ausübung seiner tatsächlichen Sachherrschaft verstanden, sofern nicht eine ausdrückliche gesetzliche Erlaubnis (z.B. Notwehr, § 227; Selbsthilfe, § 229; aber nicht ein bloßer Vertrag) oder ein Einverständnis im Zeitpunkt des Eingriffs vorliegt. Bei mittelbarem Besitz ist das Interesse des mittelbaren Besitzers für die Entscheidung, ob verbotene Eigenmacht vorliegt, ohne Bedeutung; es zählt nur der Wille des Besitzmittlers. Dieser Wille kann auch nicht vorweggenommen werden, maßgeblich ist der Zeitpunkt der Handlung. Für die Ermittlung des Willens sind zudem nicht die Regelungen des BGB AT anwendbar, es ist ein rein natürlicher Wille, den insbesondere auch Minderjährige bilden können und der nicht nach außen geäußert werden muss. Auch die Beeinträchtigung wird rein objektiv-faktisch festgestellt: Ob sie ohne Fahrlässigkeit bzw. durch Geschäfts- oder Deliktsunfähige vorgenommen wird, ist für das Vorliegen der verbotenen Eigenmacht ohne Bedeutung.

63 **Beispiele:**
Das versehentliche Mitnehmen eines fremden Mantels ist „verbotene Eigenmacht" selbst dann, wenn dabei die im Verkehr erforderliche Sorgfalt gewahrt wurde. Der Eigentümer eines gestohlenen PKW darf dem Dieb sein Auto nur wegnehmen, solange er diesen „auf frischer Tat verfolgt" (§ 859 Abs. 2 BGB), nicht hingegen, wenn er diesen später (nach einer zeitlichen Zäsur) erneut trifft. Der Versuch der Wegnahme wäre insoweit „verbotene Eigenmacht" im Sinne von § 858 Abs. 1 BGB (Urteile 11, 12).

64 Wenn ein Grundstück oder eine bewegliche Sache durch verbotene Eigenmacht entzogen, d.h. gegen den Willen des bisherigen unmittelbaren Besitzers und ohne gesetzliche Rechtfertigung weggenommen bzw. besetzt wird, hat dieser

einen **Herausgabeanspruch** aus § 861 BGB. Der Anspruch kann dabei auch vom mittelbaren Besitzer geltend gemacht werden (§ 869 S. 1 BGB), der aber nur Herausgabe an den früheren unmittelbaren Besitzer verlangen kann. Der Anspruch ergänzt die Ansprüche des Eigentümers aus § 985 BGB (unten Rn. 90 ff.) und des Besitzers aus § 1007 BGB (unten Rn. 71 ff.). Die Kosten für die Rückgabe trägt der Anspruchsgegner. Neben demjenigen, der die Sache weggenommen hat, kann auch jeder in Anspruch genommen werden, der „fehlerhaft besitzt" (§ 858 Abs. 2 BGB). Gemeint sind alle Personen, die bei Erwerb des Besitzes wussten (nicht nur wissen mussten!), dass derjenige, von dem sie den Besitz erhalten haben den Besitz durch verbotene Eigenmacht erlangt hat oder die den Besitz durch Erbfall erlangt haben. So kann es möglicherweise ganze Ketten von Personen geben, die fehlerhaft besitzen (Dieb – Hehler – ...).

Mittelbarer (§ 869 BGB) und unmittelbare Besitzer können aber auch **Unterlassung und Beseitigung sonstiger Störungen** verlangen, soweit diese auf verbotener Eigenmacht beruhen (§ 862 BGB). Dieser Anspruch ähnelt dem Anspruch des Eigentümers aus § 1004 BGB (unten Rn. 117 ff.), begünstigt aber anders als dieser etwa auch den Mieter. Besondere Bedeutung kommt dabei einer Rechtfertigung analog § 906 BGB (unten Rn. 122) zu, da der Mieter jedenfalls nicht mehr verlangen kann als der Eigentümer. Der Anspruch richtet sich gegen den Verhaltens- oder Zustandsstörer (unten Rn. 120), wie bei § 861 BGB kommt es auf ein Verschulden nicht an. **65**

Beide Ansprüche sind **ausgeschlossen**, wenn der gestörte bzw. entzogene Besitz gegenüber dem Anspruchsgegner bzw. dessen Rechtsvorgängern (bei Übertragung des Besitzes etwa durch Erbfall) fehlerhaft (oben Rn. 64) war und diese Fehlerhaftigkeit auf verbotener Eigenmacht beruht, die im letzten Jahre vor der Entziehung erfolgte. Ein Jahr nach dem Diebstahl kann also auch der Dieb vom früheren Eigentümer Herausgabe des gestohlenen, aber vom Eigentümer zurückgeholten Wagens aus § 861 Abs. 1 BGB verlangen; vorher ist der Dieb hingegen vor Gericht chancenlos (siehe aber unten Rn. 75 ff. zu Besitzwehr und Besitzkehr). **66**

Soweit **zwischen Mitbesitzern** Streit um ihre jeweiligen Berechtigungen an der Sache besteht, können diese sich nicht auf §§ 861, 862 BGB stützen (§ 866 BGB). Ihnen bleibt nur die Möglichkeit, sich aufgrund des zwischen ihnen bestehenden Rechtsverhältnisses an das Gericht zu wenden; dingliche Ansprüche bestehen nur bei Besitzentziehung, Beschädigung des gemeinsamen Besitzes oder schwerwiegender, der Entziehung gleichzustellender Störung, die offensichtlich über den zulässigen Gebrauch hinausgeht. Gegenüber Dritten kann **67** jeder Mitbesitzer vorgehen, aber stets nur Herausgabe an alle Mitbesitzer verlangen (§ 869 S. 2 BGB analog) (Urteile 13–15).

**68** Beide Ansprüche erlöschen nach § 864 Abs. 1 BGB innerhalb eines Jahres nach der Verletzung. Dies ist eine **Ausschlussfrist**, die vom Gericht von Amts wegen geprüft wird (also anders als die Verjährung, § 214 BGB, nicht ausdrücklich als Einrede geltend gemacht werden muss).

**69** Weitere **Gegenrechte sind nach § 863 BGB ohne Bedeutung**. Der bestohlene Eigentümer, der sein Auto zwei Jahre nach dem Diebstahl wiederfindet, kann sich also gegenüber einem Herausgabeanspruch aus § 861 BGB nicht darauf berufen, dass er immer noch Eigentümer (§ 935 BGB, unten Rn. 186 ff.) und der Dieb, Hehler oder auch gutgläubige neue Besitzer des Autos ihm gegenüber zur Herausgabe verpflichtet sei (§ 985 BGB, unten Rn. 90 ff.). Er kann dem Anspruch weder Zurückbehaltungsrechte (§§ 320, 273 BGB) noch Treu und Glauben (§ 242 BGB) entgegenhalten. Der Grund hierfür ist, dass §§ 861, 862 BGB eine schnelle, wenn auch vorläufige Entscheidung (insbesondere im einstweiligen Rechtsschutz) ohne Prüfung oft kompliziert zu beurteilender Rechtsfragen etwa hinsichtlich unwirksam gekündigter Mietverträge und ähnlicher Schwierigkeiten ermöglichen sollen. Die Beurteilung der schwierigen Berechtigungsproblematik soll einer Klage aufgrund petitorischer Rechte vorbehalten bleiben (unten Rn. 71 ff.).

**70** Es gibt aber einen anderen Weg, die Gegenrechte unmittelbar in einen gerichtlichen Streit um die Herausgabe einer Sache bzw. die Beseitigung einer Störung einzubringen, die Erhebung einer **Widerklage** (§ 33 ZPO) auf Herausgabe aus § 985 BGB, § 1007 BGB oder Vertrag. In der Praxis kann das Gericht die Gegenansprüche abtrennen (§ 145 ZPO) oder ein Teilurteil im Hinblick auf die possessorische Herausgabeklage (§ 301 ZPO) erlassen, wenn die Beurteilung der Widerklage größere Schwierigkeiten aufwirft und den Rechtsstreit zu verzögern droht. Soweit aber beide Fragen gleichzeitig entscheidungsreif sind, wird die possessorische Besitzschutzklage analog § 864 Abs. 2 BGB (da die Entscheidung über das Recht an der Sache im selben Urteil und nicht früher erfolgt) abgewiesen. Diese Praxis wird allerdings teilweise als unzulässig eingestuft, da sie Sinn und Zweck des § 863 BGB zuwiderlaufe und so Selbsthilfe (§ 859, Rn. 75 ff.) begünstige (Urteil 16).

**71** **2. Petitorischer Besitzschutz (§ 1007).** Einem berechtigten Besitzer gewährt § 1007 BGB zwei verschiedene Herausgabeansprüche, die anders als § 861 BGB (oben Rn. 64) keiner Ausschlussfrist unterliegen und zudem nicht auf Besitzerlangung durch verbotene Eigenmacht oder fehlerhaften Besitz beschränkt sind.

In Klausuren vielfach übersehen wird zudem § 1007 Abs. 3 S. 2 BGB, nach dem zugunsten des früheren Besitzers insbesondere auch die Folgeansprüche der §§ 987 ff. BGB aus Vindikation auf Nutzungen und Schadensersatz sowie zugunsten des jetzigen Besitzers Ansprüche auf Verwendungsersatz (§§ 994 ff. BGB) eingreifen (unten Rn. 98 ff.). Der frühere Besitzer wird also insoweit dem Eigentümer gleichgestellt. Eigene Bedeutung neben §§ 985 ff. BGB erlangt die Regelung aber dennoch selten, da in aller Regel der Eigentümer entsprechende Ansprüche geltend machen wird. Relevant wird die Norm jedoch bei Pachtverhältnissen, wo der Pächter (und nicht der Eigentümer) gegen den Besitzstörer oder den Dieb vorgehen will.

**Ansprüche aus § 1007 BGB:** 72

1. Anspruchsteller: Früherer (mittelbarer oder unmittelbarer) Besitzer
2. Anspruchsgegner: Gegenwärtiger Besitzer
3. Entweder
   a. Bösgläubigkeit des gegenwärtigen Besitzers (§ 1007 Abs. 1 BGB)
   **oder**
   b. Abhandenkommen der Sache aus dem Machtbereich des Anspruchstellers (§ 1007 Abs. 2 BGB)
3. Kein Ausschluss
   a. Anspruchsteller besaß seinerseits unrechtmäßig und war bei Besitzerwerb bösgläubig (§ 1007 Abs. 3 S. 1, 1. Var. BGB)
   b. Anspruchsteller hat Besitz freiwillig aufgegeben (§ 1007 Abs. 3 S. 1, 2. Var. BGB)
   c. Anspruchsgegner hat (gegenwärtig) ein Recht zum Besitz (§ 1007 Abs. 3 S. 2 i. V. m. § 986 BGB)
   d. Bei § 1007 Abs. 2: Anspruchsgegner ist Eigentümer der Sache, dem die Sache seinerseits vor Besitzerwerb durch Anspruchsteller abhandengekommen ist
4. Durchsetzbarkeit (insb. Zurückbehaltungsrechte, § 1000 BGB, § 273 BGB)

**3. Schutz nach Delikts- (§§ 823 ff. BGB) und Bereicherungsrecht (§§ 812 ff. BGB).** Der „Besitz“ ist zwar nicht ausdrücklich in § 823 Abs. 1 BGB genannt; allerdings ist zumindest der berechtigte Besitz (also die Position desjenigen, der auch zum Gebrauch der Sache berechtigt ist, wie Mieter oder Entleiher) gegen Eingriffe von Dritten zu schützen und insoweit **dem Eigentum im Sinne von § 823 Abs. 1 BGB gleichgestellt**. Ergänzend wird überwiegend auch die Regelung zur verbotenen Eigenmacht (§ 858 BGB, oben Rn. 62) als Schutzgesetz 73 qualifiziert, sodass Schadensersatz nach § 823 Abs. 2 BGB gefordert werden kann. Der unrechtmäßige Besitz (etwa des Diebes oder Hehlers) ist demgegenüber nicht durch Schadensersatzansprüche zu schützen, vielmehr droht hier eine Anspruchsverdoppelung, da auch der Eigentümer Ersatz verlangen könnte. Dies ist allerdings umstritten.

Über § 823 i.V.m § 249 kann Herausgabe des entzogenen Besitzes als Naturalrestitution verlangt werden. Der Schädiger haftet dabei verschärft nach § 848 BGB: Er muss auch für zufälligen Untergang Schadensersatz in Geld zahlen. Daneben sind auch § 812, § 985, § 861, § 1007 und vertragliche Ansprüche zu prüfen.

**74** Darüber hinaus können mittelbarer wie unmittelbarer Besitz über das **Bereicherungsrecht** herausverlangt werden, sie sind „etwas" im Sinne von § 812 BGB. Über die schlichte Herausgabe hinaus können insoweit auch Nutzungen und Surrogate (§ 818 Abs. 1 BGB) sowie gegebenenfalls Wertersatz (§ 818 Abs. 2 BGB) verlangt werden. Der unrechtmäßige Besitz kann allerdings nur aufgrund einer Leistungskondiktion herausverlangt werden, da er schon vorher nicht dem zu Unrecht Besitzenden zugewiesen war und daher die Wegnahme nicht in den Zuweisungsgehalt eines fremden Rechts eingreifen konnte.

Oft werden Eigentum und Besitz nach § 812 BGB herausverlangt, z.B. bei Übergabe und Übereignung aufgrund nichtigen Kaufvertrags. Dabei sind beide Positionen sauber zu trennen. Beachten Sie auch die Entreicherung (§ 818 III), die bei Bösgläubigkeit bzw. rechtshängiger Klage ausgeschlossen ist (§§ 818 Abs. 4, 819 Abs. 1 BGB).

**75** **4. Gewaltrechte (§ 859 BGB).** Im strafrechtlichen Schrifttum wird kontrovers diskutiert, inwieweit zumindest der berechtigte Besitz ein nach § 32 StGB notwehrfähiges Rechtsgut sein kann. Im Zivilrecht verweist man hingegen zutreffend auf §§ 859, 860 BGB, welche die Befugnisse zur Verteidigung des unmittelbaren Besitzes klar umreißen. Eines Rückgriffs auf § 227 BGB bedarf es daher nicht; im Strafrecht sollte das gleiche gelten. Die herrschende Auffassung sieht jedoch die Rechte des § 859 BGB als höchstpersönlich an, sodass eine Nothilfe durch Dritte (anders als im Rahmen der Notwehr) ausgeschlossen sein soll. Erlaubt sein soll nur eine „Unterstützung" durch Dritte, wobei Geschäftsunfähige und juristische Personen Schutz durch ihre Organe oder gesetzliche Vertreter ausüben.

**76** §§ 859, 860 BGB knüpfen die Rechtfertigung zunächst an den Begriff der verbotenen Eigenmacht im Sinne von § 858 BGB (oben Rn. 62). Es muss also eine nicht ihrerseits durch Rechtfertigungsgründe erlaubte Störung oder Entziehung des Besitzes vorliegen, die dem Willen des unmittelbaren Besitzers widerspricht. Anders als §§ 861 Abs. 2, 862 Abs. 2 BGB spielt die Fehlerhaftigkeit des Besitzes (Rn. 64) aber keine Rolle. Der Dieb kann also innerhalb eines Jahres die Herausgabe der Sache nicht gerichtlich einklagen, er darf sich aber gegen die Wegnahme der Sache durch den Eigentümer wehren, soweit er nicht auf frischer Tat betroffen oder verfolgt wurde.

Praktische Bedeutung (und Klausurrelevanz) entfalten die Gewaltrechte insbesondere im Verhältnis zwischen Mieter und Vermieter: Der Mieter kann sich gegen ein unerwünschtes Eindringen des Vermieters (auch nach Ende der Mietzeit) zur Wehr setzen; ein eigenmächtiges Räumen wird ausgeschlossen. Entsprechendes gilt aber auch für die Taschendurchsuchung im Supermarkt: Soweit nicht § 229 BGB eingreift, ist das Durchsuchen der Taschen selbst nach Vorwarnung verboten.

**77** Im Rahmen von § 859 BGB sind die „**Besitzwehr**" und die „**Besitzkehr**" zu unterscheiden. Besitzwehr (§ 859 Abs. 1 BGB) als Sonderfall der Notwehr erlaubt es, Besitzstörungen im Sinne von § 862 BGB abzuwehren, d.h. das mildeste geeignete Mittel zu ergreifen, um diese zu beenden oder zu verhindern, solange die Störung andauert oder unmittelbar droht. Eine Abwägung der Interessen erfolgt nicht, äußerste Grenze ist der Rechtsmissbrauch (§ 226 BGB) bzw. das Gebot von Treu und Glauben (§ 242 BGB). Enger sind die Befugnisse bei Entziehung des Besitzes im Sinne von § 861 BGB. Bei beweglichen Sachen muss der Täter „auf frischer Tat betroffen oder verfolgt" werden (§ 859 Abs. 2 BGB, vgl. § 127 StPO), bei unbeweglichen Sachen muss „sofort" gehandelt werden (§ 859 Abs. 3 BGB). Es handelt sich anders als bei der „Besitzwehr" des Absatzes 1 nicht um Sonderregelungen zur Notwehr, sondern zur Selbsthilfe (§ 229 BGB), die eine besonders intensive Subsidiarität zum staatlichen Rechtsschutz erfordern. Der Gesetzgeber wollte dadurch Gewaltexzesse aufgrund von Streitigkeiten weitgehend ausschließen.

→ Fall 2

**78** Die Regelung des § 859 BGB wird ergänzt durch den Anspruch des § 867 S. 1 BGB: Dieser ermöglicht es dem früheren Besitzer unabhängig von verbotener Eigenmacht (!) eine bewegliche Sache auf fremde Grundstücke (analog auch in fremde bewegliche Sachen, etwa Zelte, Fahrzeuge etc.) zu verfolgen und von dort wieder wegzunehmen. Dies gilt sogar, wenn der Verlust des Gegenstandes schuldhaft erfolgt (etwa der absichtlich zu weit getretene Fußball). Besitzer und Eigentümer des betretenen Grundstücks bzw. des Gegenstands müssen das Eindringen dulden, erhalten aber (verschuldensunabhängig) eine Entschädigung in Geld (§ 867 S. 2 BGB) für etwaige Schäden. Die Regelung begründet nicht nur einen einklagbaren Duldungsanspruch, sondern stellt vor allem eine gesetzliche Gestattung des Betretens des Grundstücks dar, die verbotene Eigenmacht ausschließt.

→ Übersicht 5

→ Test 3

# 4. Kapitel Eigentum – umfassende (rechtliche) Herrschaftsbefugnis (§ 903 BGB)

Gegenüber dem verfassungsrechtlichen **Eigentumsbegriff** (Art. 14 GG, vgl. 79
auch Art. 6 Abs. 1 EUV i.V.m. Art. 53 Abs. 1, 17 EU-Grundrechtscharta) ist das zivilrechtliche Verständnis des Eigentums (§ 903 BGB) erheblich verengt: Eigentum ist nur die umfassende Berechtigung an (beweglichen oder unbeweglichen) Sachen. Ein „Eigentum an Rechten" (etwa ein „Eigentum an der Grundschuld") gibt es ebenso wenig wie „Mieteigentum", erst recht sind Erwerbserwartungen kein „Eigentum" (können aber, soweit der Veräußernde sie nicht einseitig zunichtemachen kann, in einem Anwartschaftsrecht münden, unten Rn. 252 ff.).

Wichtig: 80
Bei Rechten spricht man von „Inhaberschaft" statt von „Eigentum" und von „Abtretung" statt von „Übereignung"

Eigentum und **Besitz** sind jedenfalls bei beweglichen Sachen eng miteinander 81
verknüpft. Dies zeigt zunächst die Regelung des § 1006 Abs. 1 BGB: Danach gilt der Eigenbesitzer einer beweglichen Sache als deren Eigentümer, soweit nicht jemand das Gegenteil beweist. § 1006 Abs. 1 gilt für unmittelbare wie mittelbare Besitzer (siehe § 1006 Abs. 3 BGB). Die Regelung soll zudem nur die Vermutung begründen, das bei Erwerb von Eigenbesitz auch (unbelastetes) Eigentum erworben wurde („Erwerbsvermutung"), nachträgliche Änderungen bleiben außer Betracht (etwa ein Eigentumsverlust nach § 930 BGB). § 1006 Abs. 2 BGB erstreckt die Vermutung auf frühere Besitzer in einer Erwerbskette. Nicht erfasst ist der Fall, dass der jetzige Besitzer seinen Besitz als Fremdbesitz erworben hat (etwa als Mieter) und behauptet, nach § 929 S. 2 BGB später Eigentum erlangt zu haben. Ebenso ermöglichen §§ 932–934 BGB einen gutgläubigen Erwerb daran, dass der Veräußerer dem Erwerber Besitz verschaffen kann (i.d.R. indem er die Sache übergibt, näher unten Rn. 175 ff.). Schließlich wird nach § 1362 BGB vermutet, dass im Besitz eines oder beider Ehegatten befindliche Sachen dem Schuldner einer Forderung gehören, d.h. zugunsten der Gläubiger eines der beiden verwertet werden können (siehe zur Zwangsvollstreckung § 739 ZPO). Die Regelung ist nicht analogiefähig, gilt also nicht

für nichteheliche Lebensgemeinschaften. Für Grundstücke ist nach § 891 BGB nur das Grundbuch maßgeblich (Urteile 17–19).

82 Dennoch können Besitz und Eigentum in keinem Fall gleichgesetzt werden. Dies zeigt schon **die Möglichkeit (insbesondere gestuften) mittelbaren Besitzes** und der Umstand, dass auch der Dieb unmittelbarer Besitzer wird (aber wegen § 935 BGB noch nicht einmal Dritten Eigentum verschaffen kann, unten Rn. 186 ff.). Tatsächlich können Eigentum und Besitz sogar dauerhaft auseinanderfallen, etwa wegen der Verjährung des Herausgabeanspruchs aus § 985 BGB (§§ 197 Abs. 1 Nr. 3, 200 BGB: 30 Jahre ab Entstehung des Anspruchs) oder bei Lieferung unbestellter Sachen (§ 241a BGB). Weder muss der Eigentümer zum unmittelbaren Besitz berechtigt sein (etwa weil er die Sache vermietet hat) noch muss der Besitzer seine Befugnisse auf den Eigentümer zurückführen können (etwa weil er eine verlorene Sache gefunden hat). Das schwierige Verhältnis zwischen dem Eigentümer und einem (mittelbaren oder unmittelbaren) Besitzer einer (beweglichen oder unbeweglichen) Sache regeln die §§ 985 ff. BGB (Rn. 90 ff.).

## I. Mehrere Eigentümer: Miteigentum (§§ 1008 ff. BGB), Wohnungseigentum, Gesamthandseigentum

83 Das Gesetz geht von dem Grundfall aus, dass jede Sache genau einen Eigentümer hat („**Alleineigentum**"). Diese „Person" ist allerdings nicht zwingend ein Mensch, sondern kann auch eine juristische Person (etwa ein Verein, eine AG, eine Stadt, ein Land etc.) oder eine rechtsfähige Personengesellschaft (etwa OHG, BGB-Gesellschaft, Partnerschaftsgesellschaft etc.) sein.

84 Daneben kennt das BGB das „**Miteigentum**" nach Bruchteilen (§§ 1008 ff. BGB). Dabei sind mehrere Personen zu rechnerischen Anteilen an einer Sache berechtigt, ohne dass diese tatsächlich geteilt werden können muss. Die Miteigentümer können über diese gedachten Anteile an der Sache frei verfügen (§ 747 S. 1 BGB), da auch der Anteil „Eigentum" im Sinne des BGB ist, erfolgt die Übertragung nach §§ 929 ff. BGB (unten Rn. 137 ff.) bzw. nach §§ 873, 925 BGB (unten Rn. 217 ff.), ebenso sind auf diesen Teil beschränkte Belastungen möglich. Da die Berechtigung mehrerer Personen jedoch vielfache Konflikte aufwirft (Wer trägt die Kosten für Reparaturen? Wer darf die Sache wann benut-

zen? Wann und wie kann man die Sache zu Geld machen?) verweist das Gesetz insoweit auf die detaillierten Vorschriften des Schuldrechts über die Gemeinschaft nach Bruchteilen (§§ 741 ff. BGB). Man spricht daher auch von „Bruchteilseigentum" ( Urteil 20).

Eine besondere Konstellation ist das **Wohnungseigentum**, das im Wohnungs- **85**
eigentumsgesetz (WEG) einer eigenen Regelung zugeführt wurde. Dieses geht zwar von Miteigentum an einem Grundstück und gemeinschaftlichen Einrichtungen aus, ergänzt dieses aber um Alleineigentum („Sondereigentum") an der auf dem Grundstück befindlichen Wohnung (§§ 1, 5 WEG). Beide Positionen sind untrennbar miteinander verbunden und können nur gemeinsam übertragen werden. Die Besonderheit liegt (neben den gegenüber §§ 741 ff. BGB vorrangigen Spezialregelungen zur Wohnungseigentümergemeinschaft) darin, dass hier entgegen §§ 93, 94 BGB Sondereigentum an wesentlichen Bestandteilen eines Grundstücks (nämlich den Wohnungen) zugelassen wird (Rn. 22 ff.).

Das „**Gesamthandseigentum**", dessen wesentlicher Unterschied zum Bruch- **86**
teilseigentum darin liegt, dass es keine Anteile an einzelnen Sachen gibt, sondern nur Anteile an einer Sachgesamtheit, ist heute nur eine Randerscheinung. Es besteht bei der auf Auflösung angelegten Miterbengemeinschaft (§§ 2033 Abs. 2, 2032 BGB) und bei der ausschließlich durch notariellen Ehevertrag zu begründenden und daher praktisch überaus seltenen ehelichen Gütergemeinschaft (§§ 1419 Abs. 1, 1416, 1485 BGB; gesetzlicher Güterstand ist die Zugewinngemeinschaft, bei der jeder Ehegatte Eigentümer der bei Eheschließung vorhandenen und während der Ehe erworbenen Sachen bleibt, §§ 1363 Abs. 2, 1364 BGB). Bei den Personengesellschaften, insbesondere bei der BGB-Gesellschaft sieht das Gesetz zwar ebenfalls Gesamthandseigentum vor (§§ 719 Abs. 1, 718 BGB). Diese Regelung ist durch die Rechtsentwicklung jedoch praktisch ohne Bedeutung – die Sachen stehen der rechtsfähigen Gesellschaft und nicht nur deren „Gesellschaftern in gesamthänderischen Verbindung" zu. Nach der neueren Rechtsprechung gilt dies nicht nur für die Personenhandelsgesellschaften, wo dies explizit angeordnet ist (§ 124 HGB), sondern auch für die BGB-Gesellschaft einschließlich solcher Zusammenschlüsse, die rein private Zwecke verfolgen (etwa Skatrunden, Kegelclubs etc.). Aus der Anerkennung der Rechtsfähigkeit folgt aber zwingend, dass ein Gesellschafter nicht über einzelne Gegenstände verfügen kann, denn er ist gerade nicht (mehr) deren Eigentümer. Auf § 719 BGB kommt es insoweit nicht mehr an. Etwas anderes gilt bei einer BGB-Gesellschaft, die nicht nach außen auftritt, aber trotzdem gemeinsames Vermögen (etwa als interne Haftungsreserve) gebildet

hat. Diese ist nicht rechtsfähig und kann daher auch nicht Träger von Rechten und Pflichten sein (Urteil 21).

**87** Keine besonderen Schwierigkeiten wirft schließlich die Konstellation auf, dass mehrere separate Sachen zu einer Sachgesamtheit zusammengefügt werden, ohne wesentlicher Bestandteil einer einheitlichen Sache zu werden (insbesondere als Zubehör, § 97 BGB). Dann behält jeder die Berechtigungen an den ihm gehörenden Sachen. Der insoweit mitunter verwendete Begriff „**Teileigentum**" (an der nicht als Rechtsobjekt anerkannten Sachgesamtheit) ist irreführend und sollte vermieden werden.

## II. Ansprüche des Eigentümers (§§ 985 ff., 1004 ff. BGB)

**88** Die Bedeutung des Eigentums in Praxis wie Klausuren liegt vor allem darin, dass das Eigentum Ausgangspunkt einer Vielzahl von Ansprüchen ist. Schon aus den Anfangssemestern bekannt sein sollte Ihnen der strafrechtliche Schutz etwa vor Diebstahl (§ 242 StGB) oder Unterschlagung (§ 246 StGB), die Möglichkeit zur Verteidigung durch Notwehr (§ 227 BGB bzw. § 32 StGB) oder im Notstand (§ 34 StGB) sowie die Schadensersatzansprüche wegen Entziehung oder Beschädigung fremden Eigentums (§ 823 Abs. 1 BGB bzw. § 823 Abs. 2 BGB i.V.m. Schutzgesetzen). Selbstverständlich kann der Eigentümer auch nach § 812 Abs. 1 S. 1, 2. Var. BGB bei Eingriffen Dritter in sein Eigentum Herausgabe des Erlangten verlangen oder bei Leistungen ohne Rechtsgrund verlangen, dass ihm sein Eigentum nach § 812 Abs. 1 S. 1 BGB rückübertragen wird.

**89** Im Folgenden sollen demgegenüber die besonderen Ansprüche des Eigentümers im Dritten Buch des BGB behandelt werden. Dabei ist ähnlich wie beim Besitz zwischen der Herausgabe, d.h. dem Anspruch auf Übertragung des Besitzes einerseits (§ 985 BGB, unten Rn. 90 ff.) und der Beseitigung sonstiger Störungen andererseits (§ 1004 BGB, unten Rn. 117 ff.) zu unterscheiden. Ergänzt werden diese Ansprüche durch Regelungen über Nutzungen, Schadensersatz und Verwendungsersatz, wenn Besitz und Eigentum auseinanderfallen (§§ 987 ff. BGB, unten Rn. 98 ff.).

**90** **1. Herausgabeanspruch (§§ 985, 986 BGB).** Der Anspruch des Eigentümers gegen den Besitzer auf Herausgabe der Sache („Vindikation" von der römischen

Klageform der *„rei vindicatio"*) greift sowohl für bewegliche als auch für unbewegliche Sachen. Ein typischer Denk- und Klausurfehler ist die Annahme, dass der Grundbuchberichtigungsanspruch (§ 894 BGB) bei Immobilien an die Stelle des Herausgabeanspruchs trete (weil ja Anknüpfungspunkt des gutgläubigen Erwerbs und der Ersitzung insoweit auch das Grundbuch ist, oben Rn. 6, 16). Dass dies nicht so sein kann, zeigt schon die praktisch nicht unübliche „Besetzung" von Wohnhäusern durch Obdachlose oder Protestbewegungen. Hier steht dem Grundeigentümer nur der Anspruch aus § 985 BGB zur Verfügung, um die **Räumung** zu erzwingen. Das Grundbuch bleibt unverändert, da der Inhalt mit der Wirklichkeit übereinstimmt.

§ 985 BGB tritt in Gesetzeskonkurrenz zu anderen Herausgabeansprüchen, **91**
d.h. er ist uneingeschränkt neben vertraglichen Ansprüchen (z.B. bei Miete, § 546 Abs. 1 BGB) und gesetzlichen Ansprüchen aus Besitz (§§ 861, 1007, oben Rn. 64, 71) anwendbar. Die kurzzeitig vertretene Subsidiarität des § 985 BGB gegenüber vertraglichen Ansprüchen wurde selbst von ihrem Vertreter aufgegeben, die Wertungen des Vertragsrechts fließen hinreichend über § 986 BGB (unten Rn. 95) ein. Von ihrer Rechtsfolge nur in bestimmten Konstellationen wirkungsgleich sind insbesondere Naturalrestitution im Hinblick auf weggenommene Sachen (§§ 823, 249 BGB) und die Herausgabe des durch eine solche Wegnahme Erlangten (§§ 812, 818 Abs. 1 BGB).

**Voraussetzungen von § 985 BGB** **92**
1. Anspruchsgegner ist mittelbarer oder unmittelbarer Besitzer
2. Anspruchsteller ist Eigentümer oder Inhaber eines Anwartschaftsrechts (unten Rn. 252)
3. Kein Recht zum Besitz ggü. Anspruchsteller (§ 986 Abs. 1) oder Rechtsvorgänger bei Eigentumserlangung nach § 931 BGB (§ 986 Abs. 2)
4. Keine Einreden (insbesondere § 1000 BGB, § 273 BGB, § 241a BGB)

Es bietet sich an, den **Besitz des Anspruchsgegners**, der unmittelbar ohne müh- **93**
same und schrittweise Untersuchung einer Erwerbskette festzustellen ist, vor dem Eigentum des Anspruchsgegners zu prüfen. Der Anspruchsgegner des Herausgabeanspruchs muss (gegenwärtig) Besitzer der Sache sein. Es genügt nicht, dass der Anspruchsgegner Besitzdiener (oben Rn. 33) ist, da dieser keinen eigenen Besitz innehat. Ebenso steht es der Passivlegitimation entgegen, wenn der Anspruchsgegner zwar früherer Besitzer war, aber die Sache einem Dritten überlassen hat, ohne dass dieser für ihn als Besitzmittler (oben Rn. 42 ff.) oder Besitzdiener (oben Rn. 33) tätig wird. In diesem Fall kommen

nur Schadensersatzansprüche (§§ 989, 990 BGB, unten Rn. 106 ff.) in Betracht. Soweit der Anspruchsgegner allerdings mittelbarer Besitzer geblieben ist, richtet sich der Anspruch auf Übertragung des mittelbaren Besitzes, mithin auf Abtretung des Herausgabeanspruchs (§ 870 BGB). Nach Erhebung einer Klage hat die Weitergabe der Sache an Dritte grundsätzlich keine Wirkung (§§ 265 f., 325 ZPO). Ein Urteil zugunsten des Eigentümers kann dann auch gegen die Rechtsnachfolger des Besitzers vollstreckt werden (§§ 727, 731 ZPO). Etwas anderes gilt nur, wenn der Erwerber gutgläubig hinsichtlich der Berechtigung des Veräußerers und des Fehlens eines Rechtsstreits hierüber war (§ 265 Abs. 3, 325 Abs. 3 ZPO). Dann entfaltet das Urteil keine Rechtskraft.

**94** Der Anspruchsgegner muss **Eigentümer** der Sache sein, bei Miteigentümern (oben Rn. 84) ist jeder zur Geltendmachung für alle befugt (§ 1011 BGB). Erforderlich ist die tatsächliche Eigentümerstellung, eine fehlerhafte Grundbucheintragung genügt ebenso wenig wie früherer Besitz (insoweit greift aber § 1007 BGB, oben Rn. 71 ff.). Allerdings bestehen diesbezüglich Vermutungen (§ 1006 BGB bezüglich des Besitzers, § 891 BGB bezüglich der Grundbucheintragung), die im gerichtlichen Rechtsstreit den Nachweis erleichtern. Demgegenüber liegt hier in den meisten Klausuraufgaben der Schwerpunkt: Es ist die komplette Erwerbskette vom ursprünglichen (sicheren) Eigentümer bis zum Anspruchsteller chronologisch zu erörtern (oben Rn. 7). Im Prozess kann der Anspruch bei streitiger Eigentumsstellung alternativ auf § 1007 BGB gestützt werden, wo es genügt, den früheren Besitz des Anspruchstellers und Bösgläubigkeit oder Abhandenkommen nachzuweisen (oben Rn. 72), in der Klausur sind stets beide Ansprüche unabhängig voneinander zu prüfen (und im Rahmen von § 1007 BGB auch Absatz 1 und Absatz 2 jeweils getrennt). Zeitlich ist die Klageerhebung maßgeblich (§§ 265, 266 ZPO). Wenn allerdings das Eigentum des Anspruchstellers bestritten wird, entfaltet das Urteil nur Rechtskraft zu Lasten des Erwerbers, wenn diesem Kenntnis oder grob fahrlässige Unkenntnis von der Klage oder der fehlenden Berechtigung vorzuwerfen ist (§§ 325 Abs. 2, 265 Abs. 2 ZPO).

**95** Während in Anfängerklausuren meist das Eigentum des Anspruchstellers den Schwerpunkt der Lösung bildet, steht in der Praxis oftmals das Bestehen eines **Besitzrechts** (§ 986 BGB) im Vordergrund (siehe bereits oben Rn. 72 zur Bedeutung im Rahmen von § 1007 BGB). Dieses ist vom Anspruchsgegner als Einwendung geltend zu machen. Neben eigenen Besitzrechten des Anspruchsgegners kommen auch abgeleitete Besitzrechte in Betracht, die ein mittelbarer Besitzer, gegenüber dem sich der Anspruchsgegner (etwa als Untermieter) untergeordnet hat, seinerseits gegen den Eigentümer hat (sodass der Untermieter die Räumungs- oder Herausgabeklage des Eigentümers abwehren kann). In Betracht kommen sowohl sachenrechtliche Besitzrechte (namentlich Pfandrecht, § 1205 BGB und Nießbrauch, § 1036 BGB), die gegenüber jedem Eigentümer gelten als auch rein schuldrechtliche Besitzrechte, etwa aus § 535 BGB (Miete) oder § 598 BGB (Leihe), die grundsätzlich nur gegenüber dem jeweiligen Schuldner wirken. Wer also etwa ein Haus aufgrund einer Vereinbarung mit dem Eigentümer unentgeltlich nutzen darf, kann dies nicht einem gutgläubigen Erwerber entgegenhalten, sondern muss die Wohnung herausgeben. Demgegenüber kann sich der Mieter einer Wohnung nach § 566 BGB auf einen mit dem früheren Eigentümer geschlossenen Vertrag berufen. Beide Grundsätze erfahren jedoch Ausnahmen: Ein eigentlich absolut wirkendes Besitzrecht kann durch gutgläubigen Erwerb wegfallen (§ 936 BGB, Rn. 191 bzw. § 892 Abs. 1 BGB), während ein schuldrechtliches Besitzrecht durch Sondernormen (etwa § 566 BGB) Wirkung gegen jedermann erlangen kann. Beim gutgläubigen lastenfreien Erwerb beweglicher Sachen ist der Erwerber zudem doppelt geschützt: Ein dingliches Besitzrecht (einschließlich eines Anwartschaftsrechts, unten Rn. 256) besteht nach § 936 Abs. 3 BGB trotz Eigentumsüberlassung fort. Schuldrechtliche und dingliche Besitzrechte können zudem einem bös- oder gutgläubigen Erwerber entgegengehalten werden (§ 986 Abs. 2 BGB). Damit wird ein Gleichlauf zur Abtretung schuldrechtlicher Herausgabeansprüche hergestellt – dort könnte eine Kündigungsfrist oder Mindestlaufzeit dem Erwerber des Anspruchs (Zessionar) nach § 404 BGB entgegengehalten werden. Die Regelung muss analog auf den Fall des Eigentumserwerbs durch Schaffung gestuften mittelbaren Besitzes (Dritter mittelt Besitz für Veräußerer, dieser mittelt Besitz für Erwerber) nach § 930 BGB (Rn. 156 ff.) herangezogen werden, da sonst der Schutz des unmittelbaren Besitzers umgangen werden könnte (Urteile 22, 23).

Gegen den Anspruch aus § 985 BGB können außer einem „Recht zum Besitz“ **96**
auch andere **Einreden** geltend gemacht werden. Dies sind insbesondere vorübergehende Zurückbehaltungsrechte aus § 273 BGB oder dem für Verwendungen vorrangigen § 1000 BGB. Dies beruht darauf, dass Rechtsfolge eines solchen Zurückbehaltungsrecht nicht das (dauerhafte oder auch nur vorübergehende) Nichtbestehen des Anspruchs, sondern bloß die Beschränkung der Herausgabepflicht auf eine Leistung „Zug-um-Zug“ ist, die jederzeit erfüllt werden kann. Zudem wäre es zumindest seltsam, wenn die aufgrund der §§ 987 ff. BGB ersatzfähigen Verwendungen ihrerseits als Recht zum Besitz die Anwendbarkeit der §§ 987 ff. BGB (unten Rn. 98 ff.) ausschließen würden. Die Rechtsprechung hält diese Trennung leider nicht immer sauber durch. Ebenfalls kein

Recht zum Besitz begründet § 241a BGB, der Herausgabeansprüche (auch) aus § 985 BGB zwar ausschließt, aber dem Besitzer keine positive Berechtigung einräumt, sodass insbesondere eine Weitergabe an Dritte zum Wiederaufleben des Herausgabeanspruchs führt. Schließlich ist noch auf die Möglichkeit der Verjährung (§§ 197 Abs. 1 Nr. 2, 200 BGB: 30 Jahre ab Entstehung) hinzuweisen ( Urteil 24).

**97** **Rechtsfolge** von § 985 BGB ist die Einräumung von Besitz (bei unmittelbarem Besitz durch Übergabe, oben Rn. 38, bzw. Räumung; bei mittelbarem Besitz durch Abtretung des Herausgabeanspruchs nach § 870 BGB, oben Rn. 47), bei Miteigentümern (§ 1008 BGB, oben Rn. 84) von Mitbesitz (§ 866 BGB, oben Rn. 57). Nicht erfasst sind Transportkosten, die Übergabe erfolgt an dem Ort, an dem sich die Sache befindet (möglich sind aber diesbezügliche Schadensersatzansprüche nach §§ 989, 990 BGB, unten Rn. 106). Der Anspruch ist nicht separat abtretbar (oben Rn. 47, Rn. 161), allerdings können Dritte zur Ausübung ermächtigt werden (analog § 185 BGB); im Prozess haben diese Prozessführungsbefugnis im Wege gewillkürter Prozessstandschaft. Das abgeleitete Besitzrecht erlischt mit der Berechtigung des mittelbaren Besitzers. Endet aber das Mietverhältnis mit dem Mieter, muss auch der Untermieter die Wohnung räumen (siehe auch § 546 Abs. 2 BGB). In der Zwangsvollstreckung kann die Einräumung der Geltendmachungsbefugnis nach §§ 857, 835 ZPO erzwungen werden. Eine Ergänzung zu § 985 BGB ergibt sich schließlich aus § 986 Abs. 1 S. 2 BGB: Selbst wenn der berechtigte Besitzer einer Sache unbefugt einem Dritten Besitz verschafft hat, wäre es unbillig, wenn die Sache dadurch an den Eigentümer zurückgegeben werden müsste. Stattdessen kann der Eigentümer nur auf Herausgabe an den ihm gegenüber berechtigten Besitzer klagen, wenn sie ein eigenes rechtliches Interesse geltend machen können. Dies gilt erst Recht für Fälle, in denen der gegenüber dem Eigentümer zum Besitz Berechtigte gar keinen Besitz mehr hat (etwa weil die Sache gestohlen wurde oder weil er die Sache an einen Dritten übergeben aber nicht wirksam übereignet hat, z. B. weil der zur Gewährleistung guten Glaubens erforderliche Kfz-Brief nicht vorgelegt werden konnte) ( Urteil 25).

**98** **2. Folgeansprüche aus Vindikationslage (§§ 987 ff. BGB).** Soweit ein Besitzer eine Sache ohne Besitzrecht gegenüber dem Eigentümer besitzt (also eine „Vindikationslage“ besteht, oben Rn. 90 ff.), bestehen über die Herausgabepflicht hinaus weitere Ansprüche. Obwohl es sich um ein gesetzliches Schuldverhältnis handelt, schien dem Gesetzgeber die Anwendung der allgemeinen Regelungen der §§ 280 ff. BGB die besondere sachenrechtliche Interessenlage nicht hinreichend widerzuspiegeln. Stattdessen finden sich in den §§ 987 ff. BGB

Regelungen, die über § 292 BGB auch auf andere Herausgabeansprüche (insbesondere über §§ 818 Abs. 4, 819 BGB im Bereicherungsrecht) Anwendung finden. Durch die Sonderregelungen der §§ 987 ff. BGB wird insbesondere ein Anspruch auf Herausgabe eines „stellvertretenden commodums" (§ 285 BGB) ausgeschlossen, sodass der Veräußerungserlös nach dieser Regelung nicht herausverlangt werden kann. Möglich ist nur die Genehmigung der Verfügung durch den Eigentümer (§ 185 Abs. 2 BGB, Rn. 164), die wiederum zu Ansprüchen aus § 816 Abs. 1 BGB führt (Rn. 129 ff.). Weitere wichtige Verweisungen auf §§ 987 ff. BGB gelten zugunsten des früheren Besitzers (§ 1007 Abs. 3 S. 2 BGB, oben Rn. 71) und bei den Regelungen zu Nießbrauch und Pfandrecht (§§ 1065, 1227 BGB). Analoge Anwendung finden die §§ 987 ff. BGB zudem unabhängig vom Besitz gegenüber einer zu Unrecht im Grundbuch eingetragenen Person (also im Rahmen von § 894 BGB). Für den Rücktritt finden sich hingegen in §§ 346, 347 BGB abschließende Sonderregelungen auch für Nutzungen und Verwendungen.

Ein typischer Klausurfehler ist die Annahme, dass das Eigentümer-Besitzer-Verhältnis im **Zeitpunkt** der Geltendmachung des Anspruchs bestehen muss. Es genügt jedoch, dass zu irgendeinem Zeitpunkt eine Person Besitzer ohne Besitzrecht und die andere Eigentümer war, selbst wenn zwischenzeitlich die Sache weitergegeben, das Eigentum übertragen wurde oder gar gutgläubiger Erwerb eingetreten ist. Mit Übertragung des Eigentums bleiben die bereits entstandenen Ansprüche auf Nutzungen und Schadensersatz beim früheren Eigentümer, der neue Eigentümer erhält diese erst für den Folgezeitraum. Daraus folgt auch, dass die Ansprüche auf Nutzungs- und Schadensersatz für die Vergangenheit (anders als der Herausgabeanspruch, oben Rn. 97) selbstständig abtretbar sind. Im Gesetz nicht klar geregelt ist die Frage, was bei Wegfall eines zunächst bestehenden Besitzrechts gilt („Nicht-mehr-berechtigter Besitzer"). Nach Wortlaut und Systematik läge es nahe, auch insoweit die §§ 987 ff. BGB jedenfalls ab dem Zeitpunkt des fehlenden Besitzrechts (aber nicht unbedingt für die Vergangenheit) anzuwenden, wie es auch die Rechtsprechung unternimmt. Demgegenüber wird die Anwendung der §§ 987 ff. BGB insoweit teilweise abgelehnt und stattdessen ausschließlich auf das Vertragsrecht oder die §§ 823 ff. BGB verwiesen. Die damit verbundene Schlechterstellung eines zunächst Berechtigten ist jedoch kaum zu rechtfertigen, daher ist die Gleichbehandlung von nicht-berechtigtem und nicht-mehr-berechtigtem Besitzer vorzugswürdig (siehe auch unten Rn. 114, 350 zu Verwendungsersatzansprüchen im Rahmen eines nicht entstandenen oder erloschenen Werkunternehmerpfandrechts) (Urteil 26). **99**

100 **a) Privilegierung der gutgläubigen gegenüber bösgläubigen oder verklagten Besitzern.** Hintergrund der Sonderregelungen der §§ 987 ff. BGB ist der vor allem bei beweglichen Sachen häufig auftretende Fall, dass jemand eine Sache als Eigentümer besitzt (also „Eigenbesitzer" ist, oben Rn. 46, § 872 BGB), ohne zu wissen, dass diese irgendwann einmal (möglicherweise einem Vor-Vor-Vor-Besitzer) abhandengekommen ist (§ 935 BGB, unten Rn. 186), deshalb sein Eigentumserwerb unwirksam war und er daher zur Herausgabe verpflichtet ist. Nach § 823 Abs. 1 BGB müsste er in diesem Fall schon bei leicht fahrlässiger Beschädigung Schadensersatz und nach §§ 812 Abs. 1, 818 Abs. 1 BGB sogar verschuldensunabhängig Nutzungsersatz leisten. Diese gesetzlichen Ansprüche werden nach § 993 Abs. 1, 2. Hs. durch die **Privilegierungen** der §§ 987 ff. BGB ersetzt. Eine Sonderregelung besteht dabei vor allem für den gutgläubigen unentgeltlichen Besitzer (§ 988 BGB). Für diesen finden §§ 812, 818 BGB Anwendung, da er keine schutzwürdige Position erlangt hat. Dabei kann er sich aber auch auf Entreicherung (§ 818 Abs. 3 BGB) berufen, wenn ihm kein Wert verblieben ist. Bei Beschädigung oder Zerstörung der Sache bleibt es bei §§ 989, 990, 993 BGB und er haftet grundsätzlich nicht.

101 Entscheidendes Abgrenzungskriterium für die Anwendbarkeit der §§ 987 ff. BGB ist daher die Frage, ob der Besitzer beim Erwerb des Besitzes **Kenntnis bzw. grob fahrlässige Unkenntnis vom fehlenden Besitzrecht** (nicht wie in § 932 Abs. 2 BGB vom fehlenden Eigentum!) hatte. Nach der erstmaligen Besitzerlangung (die aber auch in der schlichten Änderung des Besitzwillens liegen kann, oben Rn. 46) schadet insoweit nur Kenntnis, grobe Fahrlässigkeit ist insoweit unzureichend (§ 990 S. 2 BGB). Das Gesetz stellt der Bösgläubigkeit die Kenntnis einer Klage gleich (maßgeblich ist die Zustellung der Klageschrift, §§ 261 Abs. 1, 253 Abs. 1 ZPO; ebenso auch §§ 818 Abs. 4, 819 BGB im Bereicherungsrecht).

102 Nach Auffassung des BGH ist die Kenntnis eines selbstständigen **Besitzdieners** analog § 166 BGB dem Besitzer zuzurechnen. In der Literatur wird zum Teil eine Analogie zu § 831 BGB gebildet, da die §§ 987 ff. BGB dem Deliktsrecht nahestehen und daher eine Exkulpation möglich sein soll (was bei § 166 BGB nicht möglich wäre). Dieser Modifikation ist zuzustimmen, soweit ein Rechtsgeschäft als Anknüpfungspunkt besteht. Im Rahmen der Schadensersatzansprüche nach §§ 989, 990 BGB erfolgt demgegenüber die Zurechnung des Verschuldens (nicht: des Wissens!) von Gehilfen bei Beschädigung, Zerstörung oder Verlust der Sache über § 278 BGB, eine Exkulpationsmöglichkeit entfällt. Ähnlich gelagert ist der Streit um die Bösgläubigkeit **Minderjähriger**: Teilweise wird insoweit analog § 166 BGB nur auf den gesetzlichen Vertreter abgestellt,

während zum Teil §§ 827 ff. BGB herangezogen und auf die Einsichtsfähigkeit abgestellt wird. Die überwiegende Auffassung differenziert danach, ob die Haftung auf die Folgen eines unwirksamen Vertrages oder ein deliktsähnliches Handeln des Minderjährigen zurückzuführen ist (Urteil 26).

**b) Nutzungen (§ 987 BGB).** Nutzungen (§ 100 BGB, oben Rn. 26) sind die Vor- 103
teile, welche eine Sache gewährt – diese hat im Fall der §§ 987 ff. BGB der Besitzer an Stelle des Eigentümers ziehen können. Der bösgläubige Besitzer bzw. der verklagte Besitzer muss alle gezogenen Nutzungen herausgeben (§ 987 Abs. 1 BGB) und sogar schuldhaft nicht gezogene Nutzungen ersetzen, soweit seine Unterlassung den Regeln einer ordnungsgemäßen Wirtschaft widersprach (§ 987 Abs. 2 BGB). Es kommt nicht darauf an, ob der Eigentümer diese Nutzungen gezogen hätte. Eine Privilegierung greift zugunsten eines bösgläubigen Besitzers, der seine Befugnis von einem gutgläubigen, unverklagten mittelbaren Besitzer ableitet (§ 991 Abs. 1 BGB). Dann scheidet eine Haftung aus, um den mittelbaren Besitzer vor vertraglichen Regressansprüchen des Besitzmittlers zu schützen.

→ Fall 2a

Demgegenüber liegt die Privilegierung des gutgläubigen Besitzers gegenüber 104
§ 818 Abs. 1 BGB darin, dass nur die tatsächlich gezogenen Übermaßfrüchte, nicht hingegen die „normalen" Nutzungen herauszugeben sind (§ 993 Abs. 1, 1. Hs. i.V.m. §§ 812 ff. BGB). Eine Herausgabepflicht im Hinblick auf alle gezogenen (nicht aber die schuldhaft nicht gezogenen Nutzungen) wird demgegenüber für den unentgeltlichen Besitzer angeordnet (§§ 988, 812 ff. BGB). Der gutgläubige Besitzer kann sich aber auf Entreicherung berufen und insbesondere eigene Aufwendungen (über §§ 994 ff. BGB, unten Rn. 113 ff., hinaus) in Abzug bringen.

Ganz widerspruchsfrei funktioniert die Privilegierung aber leider nicht: Ist ein 105
Kaufvertrag (also das schuldrechtliche Geschäft!) unwirksam, aber die Übereignung wirksam, kann der Verkäufer vom gutgläubigen Käufer nach §§ 812 Abs. 1 S. 1, 1. Var., 818 Abs. 1 BGB nicht nur Eigentum und Besitz an der in vermeintlicher Erfüllung seiner Pflichten (§ 433 Abs. 1 S. 1 BGB) übereigneten und übergebenen Sache, sondern **alle** gezogenen Nutzungen herausverlangen. §§ 987 ff. BGB greifen nicht ein, denn der **Erwerber** ist bis zur Rückübereignung noch Eigentümer. Ist demgegenüber auch die Übereignung nichtig, ist der Erwerber unberechtigter Besitzer und es greifen die §§ 987 ff. BGB mit der Folge, dass der gutgläubige Käufer nur die Übermaßfrüchte herausgeben muss. Um diese offenbar ungewollte Besserstellung zu vermeiden, behandelt die Rechtspre-

chung den Besitzer, der ohne Rechtsgrund (also etwa aufgrund eines unwirksamen Kaufvertrages) besitzt wie einen unentgeltlichen Besitzer (§ 988 BGB, oben Rn. 100). Die Literatur greift demgegenüber teilweise unmittelbar auf §§ 812 ff. BGB zurück. Dies führt zu unterschiedlichen Ergebnissen, wenn der jetzige Besitzer seinen Besitz durch Leistung eines Dritten erlangt hat: Nach der Rechtsprechung besteht in diesem Fall ein Anspruch des Eigentümers gegen den jetzigen Besitzer auf Nutzungsersatz, die Literatur verweist hingegen auf den Vorrang der Leistungskondiktion (und schützt den Besitzer so stärker).

→ Urteil 27
→ Fall 3

106 **c) Schadensersatz (§§ 989, 990 BGB).** Die **Schadensersatzansprüche** aus §§ 989, 990 BGB setzen zunächst Bösgläubigkeit voraus (oben Rn. 101). Sie begründen aber keine Garantiehaftung, sondern erfassen nur „zu vertretende" (§§ 276, 278 BGB) Beschädigungen oder Verluste. Der Besitzer haftet nicht nur für eigenes Verschulden, sondern auch für Fehlverhalten seiner Erfüllungsgehilfen. Allerdings ist hier § 287 BGB zu beachten: Ab Eintritt des Verzuges greift eine Haftung auch für Zufall. § 990 Abs. 1 BGB erfasst den schlichten Nutzungsausfallschaden ebenso wenig wie einen marktbedingten Wertverlust. Für Schäden, die auf der verspäteten Herausgabe beruhen, verweist § 990 Abs. 2 BGB ausdrücklich auf §§ 280 Abs. 1, Abs. 2, 286 BGB.

107 Nicht in den §§ 987 ff. BGB geregelt ist der Fall, dass sich der Erwerber **durch die Sache selbst bereichert**, etwa indem er diese zur Befriedigung eigener Bedürfnisse verbraucht (er isst eine Wurst etc.). Für diese Fälle sind die §§ 812 ff. BGB nicht ausgeschlossen, es kann also Ersatz aufgrund einer Eingriffskondiktion verlangt werden. Demgegenüber scheiden Schadensersatzansprüche (außerhalb von § 992 BGB, Rn. 108) aus, hier finden nur die §§ 989, 990 BGB Anwendung.

→ Übersicht 6
→ Fall 4

108 **d) Haftungsverschärfungen (§ 992 BGB). Nicht privilegierungswürdig** sind Personen, die sich den Besitz ohne Rechtfertigung gegen den Willen des bisherigen Besitzers, mithin durch verbotene Eigenmacht (§ 858 BGB, oben Rn. 62) verschafft haben. Für diese enthält § 992 BGB eine Rechtsgrundverweisung auf §§ 823 ff. BGB, es sind also die Voraussetzungen einer Eigentumsverletzung vollständig zu prüfen. Der Ersatzanspruch aus §§ 989, 990 BGB bleibt parallel daneben bestehen.

Wichtig ist hier, dass derjenige, der eine Sache durch eine (schuldhafte) unerlaubte Handlung erlangt hat, nach § **848 BGB** auch für zufällige Unmöglichkeit der Herausgabe oder Verschlechterung haftet. Das danach erforderliche Ausgangsdelikt liegt allerdings nicht in *schuldloser* verbotener Eigenmacht (oben Rn. 62), sodass insoweit § 823 BGB unmodifiziert anzuwenden ist: Erforderlich ist also, dass entweder bereits der Besitz vorsätzlich bzw. fahrlässig erlangt wurde *oder* die Beschädigung oder Zerstörung schuldhaft erfolgen muss. In der Literatur wird demgegenüber erörtert, ob bereits bei der Prüfung von § 992 BGB (abweichend von § 858 BGB, oben Rn. 62) auch für die verbotene Eigenmacht ein **Verschulden** zu fordern ist. Dafür wird auf die in § 992 BGB gleichrangig erwähnten Straftaten verwiesen, die nach § 16 StGB sogar Vorsatz voraussetzen. Da aber bereits § 823 BGB ein Verschulden voraussetzt und § 848 BGB nur eingreift, wenn die Sache durch eine (schuldhafte) deliktische Handlung entzogen wurde, wäre hierdurch nichts gewonnen. **109**

Schließlich ist noch die Konstellation des Fremdbesitzers zu beurteilen, der sein Besitzrecht überschreitet („**Fremdbesitzerexzess**" bzw. „Nicht-so-Berechtigter"). In diesen Konstellationen bestehen grundsätzlich ein vertraglicher Schadensersatzanspruch (§§ 280 ff. BGB) sowie parallel deliktische Ersatzansprüche nach §§ 823 ff. BGB. Dabei bleibt es auch, wenn sich der Fremdbesitzer zum Eigenbesitzer aufschwingt und das Besitzrecht selbst nicht mehr anerkennt; eine vom BGH früher vertretene Gegenauffassung ist praktisch nicht begründbar. Schwierig ist demgegenüber der Fall des irrigen Fremdbesitzers, d.h. wenn ein vermeintliches Besitzrecht nicht existiert. In diesem Fall scheint es fragwürdig, die Regelungen der §§ 987 ff. BGB anzuwenden, soweit diese strenger sind als die Regelungen, die bei Wirksamkeit des Schuldverhältnisses bestanden hätten. Einen Sonderfall regelt diesbezüglich § 991 Abs. 2 BGB: Soweit der Besitzer für jemand anderen als den Eigentümer besitzt, haftet er dem Eigentümer für alle Schäden, die er aufgrund dieses Besitzmittlungsverhältnisses ersetzen müsste. Er soll also aufgrund des Irrtums über die Berechtigung seines Vertragspartners (der entweder Eigentümer ist oder aufgrund dessen Ermächtigung dieser handeln muss) nicht besser stehen, als wenn der Vertrag mit dem Berechtigten geschlossen worden wäre. Es ist also der vollständige Anspruch des mittelbaren Besitzers gegen den Besitzmittler zu prüfen (auch die Beweislastumkehr des § 280 Abs. 1 S. 2 BGB!), dieser Anspruch steht dann dem Eigentümer zu. Dieser Gedanke gilt bei nicht bestehendem Besitzrecht im Zweipersonenverhältnis entsprechend: Der Besitzer darf jedenfalls nicht die Befugnisse überschreiten, die ihm der vermeintliche Vertrag einräumt; tut er **110** dies dennoch haftet er sogar nach §§ 823 ff. BGB (deren Voraussetzungen aber jeweils zu prüfen sind!).

→ Urteil 28
→ Übersicht 7

111 Ein gutgläubiger mittelbarer Besitzer wird vor einem Regress durch seine Besitzmittler selbst dann geschützt, wenn diese von der fehlenden Berechtigung Kenntnis haben (§ 991 BGB). In diesem Fall haftet der unmittelbare Besitzer trotz Bösgläubigkeit (also entgegen §§ 989, 990 BGB) nicht auf Herausgabe von Nutzungen, solange nicht auch der mittelbare Besitzer bösgläubig oder auf Herausgabe verklagt ist. Ohne die Sonderregelung bestünde die Möglichkeit eines vertraglichen Rückgriffs (§ 280 Abs. 1 BGB) des bösgläubigen Besitzers gegen seinen gutgläubigen Besitzmittler, welche die Privilegierung der §§ 987 ff. BGB unterlaufen würde. Teilweise wird vor diesem Hintergrund befürwortet, die Regelung nicht anzuwenden, wenn ein Rückgriff ausgeschlossen ist.

112 **Beispiel:**
Der Dieb D hat dem Eigentümer E ein seltenes Buch gestohlen, welches er an den gutgläubigen G übereignet (die Übereignung ist unwirksam, da das Buch abhanden gekommen ist, § 935 BGB). G seinerseits hat das Buch an X vermietet, der weiß, dass dieses Buch nur von E stammen kann. Wenn nun E von X Nutzungsersatz verlangt, müsste dieser eigentlich nach § 990 BGB leisten, weil er bösgläubig war. Danach könnte er aber als Schadensersatz aus dem Leihverhältnis von G Ersatz verlangen (§ 280 Abs. 1 BGB). G selbst könnte hingegen von E nicht direkt in Anspruch genommen werden (§ 993 BGB), solange er gutgläubig ist. Diesen Konflikt löst § 991 BGB, indem er auch die Haftung von X (zum Nachteil des E) ausschließt, bis G verklagt oder bösgläubig ist.

→ Übersicht 8
→ Fall 5

113 **3. Anspruch des unberechtigten Besitzers gegen den Eigentümer auf Verwendungsersatz (§§ 994 ff. BGB).** Ausnahmsweise kann auch der Eigentümer aus dem Eigentümer-Besitzer-Verhältnis im Sinne der §§ 985 ff. BGB Vorteile davontragen. So mag der unberechtigte Besitzer die Sache instandgehalten, repariert oder sogar verbessert haben. Grundsätzlich würden sich diesbezügliche Ansprüche des Besitzers nach §§ 812, 818 BGB (Bereicherungsrecht) oder §§ 677, 670 BGB (Geschäftsführung ohne Auftrag) richten. Auch hier treffen

aber die §§ 994 ff. BGB eine abschließende sachenrechtliche Regelung. Insbesondere hat der redliche und unverklagte Besitzer nach § 994 Abs. 1 S. 1 BGB Anspruch auf Ersatz der „notwendigen Verwendungen", ohne dass der Eigentümer ihm die Einrede der Entreicherung (§ 818 Abs. 3 BGB) entgegenhalten kann. Demgegenüber werden Ansprüche des unredlichen oder verklagten Besitzers auf Ersatz „nützlicher Verwendungen" nach § 996 BGB selbst dann ausgeschlossen, wenn diese den Wert der Sache noch immer objektiv erhöhen (also eigentlich ein Anspruch nach §§ 812 ff. BGB bestehen würde) oder sogar entsprechend dem Willen und Interesse des Eigentümers erfolgte (also eigentlich §§ 670, 677, 683 S. 1 BGB greifen würde). „Luxusaufwendungen", die keine objektive Wertsteigerung zur Folge haben, sind nie zu ersetzen.

Umstritten ist dabei, was eigentlich „**Verwendungen**" sind. Unstreitig ist zu- **114**
nächst einmal, dass es sich um Aufwendungen handelt, die der Sache zugutekommen sollen. Während der BGH aber darunter nur Wiederherstellung und Verbesserung im engeren Sinne verstehen will, erlaubt ein Teil der Literatur auch grundlegende Veränderungen. Zu den Verwendungen zählen Materialkosten, Kosten für Handwerker aber auch der Einsatz eigener Arbeitskraft, soweit diese einen Marktwert hat (auch außerhalb des sonstigen Berufs oder eines Verdienstausfalls). Nach dem BGH wäre also etwa der Bau eines Hauses auf einem irrig als Eigentum in Besitz genommenen Grundstücks nicht von §§ 994 ff. BGB erfasst und darüber hinaus auch Ersatzansprüche aus § 951 BGB in Verbindung mit § 812 BGB ausgeschlossen (unten Rn. 204). Dem Besitzer verbleibt danach nur das Wegnahmerecht des § 997 BGB, das in solchen Konstellationen aber praktisch wertlos ist. Die Literatur will dieses Ergebnis entweder durch den oben geschilderten „weiten" Verwendungsbegriff lösen oder aber durch die Ablehnung einer Sperrwirkung der §§ 994 ff. BGB für Aufwendungen, die keine Verwendungen darstellen (Urteil 29).

Das Gesetz ordnet eine sehr kurze Ausschlussfrist für die Geltendmachung von **115**
Verwendungsersatzansprüchen an: Sie müssen spätestens sechs Monate nach Herausgabe der Sache geltend gemacht werden (§ 1002 Abs. 1 BGB); davon unberührt ist die Verjährung. Zudem muss der Eigentümer Verwendungen genehmigen (§ 1001 S. 1 BGB), wobei die Entgegennahme der Sache in Kenntnis der Verwendungen genügt (§ 1001 S. 2, 3 BGB). Verweigert der Eigentümer die Genehmigung, ermöglicht § 1003 BGB dem Besitzer die Verwertung der Sache zur Befriedigung seines Anspruchs analog den Regelungen des Pfandrechts (unten Rn. 355 ff.).

**116** Praktische Bedeutung hat vor allem das Zurückbehaltungsrecht des Besitzers aus § 1000 BGB. Er muss die Sache erst herausgeben, wenn der Eigentümer die Verwendungsersatzansprüche erfüllt, sofern er kein vorsätzliches Delikt begangen hat (§ 1000 S. 2 BGB). Anders als in § 273 BGB kommt es nicht auf die Fälligkeit des Anspruchs (und damit auf die Genehmigung nach § 1001 BGB) an.

→ Übersicht 9

→ Fall 6

**117** **4. Unterlassungs-/Beseitigungsanspruch (§§ 1004, 906 BGB).** Der Unterlassungs- und Beseitigungsanspruch aus § 1004 BGB steht selbstständig neben dem Herausgabeanspruch aus § 985 BGB. Die Regelung findet (wie § 985 BGB) sowohl auf bewegliche als auch auf unbewegliche Sachen Anwendung; insbesondere im Rahmen des Nachbarrechts hat sie bei Grundstücken Bedeutung erlangt. Wie § 985 BGB ist der Anspruch aus § 1004 BGB nicht selbstständig abtretbar. Nach §§ 1027, 1065, 1227 BGB findet § 1004 BGB auf bestimmte andere absolute Rechte entsprechende Anwendung. Auch darüber hinaus spiegelt die Regelung aber einen allgemeinen Rechtsgedanken wider. Als „quasi-negatorischer Beseitigungsanspruch" findet sie auf alle durch § 823 Abs. 1 BGB geschützten Rechtsgüter und auf Schutzgesetze im Sinne von § 823 Abs. 2 BGB entsprechende Anwendung, soweit keine Sonderregelungen (etwa § 12 BGB für den Namen, § 862 BGB für den Besitz, § 1134 BGB für die Hypothek) eingreifen. Anders als für den Herausgabeanspruch aus § 985 BGB greift für die Ansprüche aus § 1004 BGB die Regelverjährung nach §§ 195, 199 BGB.

**118** **Voraussetzungen von § 1004 BGB**

1. Anspruchsteller ist Eigentümer einer (beweglichen / unbeweglichen) Sache
2. Unmittelbare oder mittelbare, materielle oder immaterielle Beeinträchtigung der Eigentümerbefugnisse (§ 903 BGB) an dieser Sache
3. Anspruchsgegner ist Verhaltensstörer (Störung durch Verhalten (mit-)verursacht) oder Zustandsstörer (Störung durch Sache für die er verantwortlich ist)
4. Keine Duldungspflicht des Eigentümers (§ 1004 Abs. 2 BGB, insb. § 906 BGB)
5. Bei Unterlassen: Wiederholungs-/Erstbegehungsgefahr; bei Beseitigung: Fortdauern der Beeinträchtigung

**119** **Beeinträchtigungen** im Sinne von § 1004 BGB müssen von außen kommen, auf ein menschliches Verhalten zurückzuführen sein (sonst gibt es keinen Anspruchsgegner) und dürfen nicht in der Besitzentziehung liegen (sonst greift § 985 BGB). Sie können körperlich (etwa Beschädigung einer Fensterscheibe durch einen Ball) oder unkörperlich (etwa Geruchsbelästigung durch den grillenden Nachbarn) sein. Bei rein ideellen Einwirkungen verlangt die Rechtsprechung, dass der Störer schikanös (§ 226 BGB) handelt oder zusätzlich eine physische Einwirkung vorlag (Urteile 30–32).

Der **Störer** muss nicht Besitzer sein, er muss noch nicht einmal Kontakt zur 120
Sache haben. Man unterscheidet wie im Polizeirecht „**Handlungsstörer**", welche selbst eine Störung durch ihr Verhalten adäquat kausal verursachen, von „**Zustandsstörern**", die eine Sache beherrschen, die eine Störung (mit-)herbeiführt und diesen Zustand willentlich aufrechterhalten. Eine klare Abgrenzung ist allerdings oft nicht möglich und deshalb (auch in der Klausur) nicht erforderlich. Mehrere Störer haften unabhängig voneinander auf Beseitigung des jeweiligen Beitrags. Ein Verschulden ist nicht erforderlich (Rn. 125).

Ein Schwerpunkt in Klausuren und Gerichtsentscheidungen ist vor dem Hinter- 121
grund des weiten Begriffs der Störung das Vorliegen einer **Duldungspflicht** (§ 1004 Abs. 2 BGB). Eine solche kann sich insbesondere aus einem Vertrag zwischen dem Störer und dem Eigentümer ergeben; eine Drittwirkung im Fall der Übertragung des Eigentums oder zugunsten anderer Störer besteht dabei jedoch nicht. Soweit ein Rechtfertigungsgrund (Notwehr, Notstand etc.) eingreift oder eine Einwilligung vorliegt, muss die Eigentumsverletzung selbstverständlich geduldet werden. Daneben gibt es öffentlich-rechtliche Duldungspflichten (etwa § 14 BImSchG) sowie hoheitlich angeordnete Pflichten (etwa im einstweiligen Rechtsschutz). Die Rechtsprechung erkennt sogar Duldungspflichten aus „Treu und Glauben" (§ 242 BGB) bzw. dem „nachbarlichen Gemeinschaftsverhältnis" an, die auf der Pflicht zur gegenseitigen Rücksichtsnahme fußen. Dies ist freilich subsidiär zu den gesetzlichen Regelungen etwa für Imponderabilien, Überbau oder Notwegerechte. Im Einzelfall wird ein finanzieller Ausgleich für die Duldung analog § 906 Abs. 2 S. 2 BGB gewährt (unten Rn. 128; Urteile 33, 34).

Bei Grundstücken ist insbesondere § 906 BGB zu beachten. § 906 BGB umfasst 122
nicht Grobimmissionen, etwa Geröll oder Fallobst, sondern nur von einem Nachbargrundstück ausgehende „**Imponderabilien**", z.B. Gerüche oder Geräusche. Unwesentliche Beeinträchtigungen durch solche Einflüsse sind zu dulden (Absatz 1). Nach Absatz 2 sind sogar wesentliche Beeinträchtigungen durch ortsübliche Benutzung hinzunehmen, die nicht durch wirtschaftlich zumutbare Maßnahmen zu verhindern sind. Eine Orientierung im Hinblick auf die Wesentlichkeit geben öffentlich-rechtliche Grenz- und Richtwerte, wobei aber im Einzelfall trotz Unterschreitung von Richtwerten eine unzumutbare Beeinträchtigung möglich ist. Es ist allerdings ein angemessener Ausgleich in Geld zu leisten, soweit die Beeinträchtigung für den Eigentümer unzumutbar ist (§ 906 Abs. 2 S. 2 BGB), „unwesentliche" Beeinträchtigungen sind hingegen

ebenso entschädigungslos hinzunehmen wie solche, die „zumutbar" sind. Dieser „nachbarrechtliche Ausgleichsanspruch" ist nicht auf Schadens-, sondern auf Wertersatz gerichtet, es wird also nur der unzumutbare Teil der Beeinträchtigung abgeschöpft.

123 Eine weitere praktisch bedeutsame Duldungspflicht besteht bei einem ohne Zustimmung des Eigentümers schuldlos vorgenommenen **Überbau** (analog für Grenzabstandsflächen) über die Grundstücksgrenze (§ 912 BGB) gegen Entschädigung in Form periodischer Zahlungen, nicht nur an den Eigentümer, sondern auch zugunsten der Inhaber beschränkt dinglicher Rechte. Nur bei vorsätzlichem oder fahrlässigem Überbau besteht ein Anspruch auf Beseitigung (man beachte auch § 946 BGB, Urteile 35, 36).

124 Relevant ist schließlich noch das „Notwegerecht", das etwa besteht, wenn ein Grundstück keine Verbindung zu einem öffentlichen Weg hat und deshalb praktisch nicht nutzbar ist. Dies geschieht freilich nicht unentgeltlich, nach § 917 Abs. 2 BGB ist ein Ausgleich für die Nutzung in Geld zu leisten.

125 Der Anspruch aus § 1004 BGB ist (wie der an seine Stelle tretende Anspruch aus § 906 Abs. 2 S. 2 BGB, oben Rn. 122) anders als ein Schadensersatzanspruch (nach § 823 Abs. 1 BGB oder §§ 989, 990 BGB, Rn. 195) nicht vom Verschulden des Anspruchsgegner abhängig. Da er allerdings neben der Beseitigung der Störungsursache auch die Beseitigung der Störungsfolgen umfasst, ist die Grenzziehung zur nach § 249 BGB nur im Rahmen von Schadensersatz geschuldeten **Wiederherstellung des ohne die Störung bestehenden Zustands** schwierig. Die noch überwiegende Auffassung begründet auch eine Pflicht zur Entfernung ausgelaufenen Öls aus § 1004 BGB; nur eine Mindermeinung beschränkt den Anspruch auf den Zeitraum, in dem sich der Dritte eine eigentümerähnliche Position anmaßt („Ursupationstheorie") und entschärft so den Konflikt ( Urteil 37).

126 Im Einzelfall kann die Beseitigung mit unverhältnismäßigen Kosten verbunden und deshalb „unzumutbar" (§ 275 Abs. 2 BGB) sein. In diesem Fall soll nach der Rechtsprechung an die Stelle des Unterlassungsanspruchs ein **Entschädigungsanspruch** in Geld analog § 251 Abs. 2 BGB treten. Ebenso soll der Anspruch bei **Mitverschulden** des betroffenen Eigentümers analog § 254 BGB ganz ausgeschlossen werden können ( Urteile 38–41).

127 Soweit der Anspruch sich gegen ein künftiges Verhalten richtet, also „Unterlassung" begehrt wird, muss eine **Wiederholungsgefahr** (§ 1004 Abs. 1 S. 2 BGB) oder ausnahmsweise eine **Erstbegehungsgefahr** bestehen. Rein abstrakte Ge-

fahren können nicht abgewehrt werden. Allerdings besteht eine widerlegbare Vermutung, dass eine einmal eingetretene Störung sich wiederholt; es ist keine Darlegung der tatsächlichen Pläne des Störers erforderlich.

→ Übersicht 10
→ Fall 7

**5. Nachbarrechtlicher Ausgleichsanspruch bei Grundstücken analog § 906** 128
**Abs. 2 S. 2 BGB.** Ausgehend von dem Entschädigungsanspruch aus § 906 Abs. 2 S. 2 BGB (oben Rn. 122) wurde ein im Gesetz nicht ausdrücklich geregelter „allgemeiner nachbarrechtlicher Ausgleichsanspruch" konstruiert. Dieser bezieht sich auf Einwirkungen, die der Eigentümer nach § 1004 BGB abwehren kann (für die also anders als bei § 906 BGB keine Duldungspflicht besteht). Jedoch stehen der Beseitigung oder Unterlassung Unmöglichkeit oder Unzumutbarkeit (§ 275 BGB) entgegen. Der Nachbar kann aber nichts Unmögliches verlangen und muss daher die Störung hinnehmen („Aufopferung"). Hierfür soll er eine Entschädigung erhalten, für die § 906 Abs. 2 S. 2 BGB analog herangezogen wird. Da der Anspruch (wie § 1004 BGB) verschuldensunabhängig ist, ergänzt er so vor allem den Schadensersatzanspruch aus § 823 Abs. 1 BGB ( Urteile 42–45).

**6. Ansprüche auf den Veräußerungserlös und andere Surrogate (§ 816 BGB).** 129
Wenn der Besitzer einen Kaufvertrag (§ 433 BGB) über eine fremde Sache abschließt und diese dem Käufer übergibt, wird ihm die Erfüllung des Herausgabeanspruchs aus § 985 BGB unmöglich (§ 275 Abs. 1 BGB). In vielen Fällen kann er dem Käufer aber (etwa wegen § 935 BGB, unten Rn. 186) kein Eigentum verschaffen, sodass der Eigentümer nunmehr seinerseits den Käufer aus § 985 BGB auf Herausgabe in Anspruch nehmen kann, während der Käufer wegen Unmöglichkeit der Eigentumsverschaffung Schadensersatz nach § 311a Abs. 2 BGB oder Rückzahlung des Kaufpreises aus § 346 Abs. 1, 326 Abs. 4 verlangen kann.

Unter Umständen hat der Eigentümer jedoch ein größeres Interesse an dem 130
vom verkaufenden Besitzer erzielten Veräußerungserlös als an dem Herausgabeanspruch gegen den Käufer. Dieser ist nicht etwa ein nach § 285 BGB herauszugebendes Surrogat für den unmöglich gewordenen Herausgabeanspruch. Kein Käufer würde für die bloß vorübergehende Besitzverschaffung den vollen Kaufpreis zahlen, die Gegenleistung im Sinne von § 433 Abs. 2 S. 1 BGB wird vielmehr für die Eigentumsverschaffung geleistet. Anspruchsgrundlage für die Herausgabe des Kaufpreises ist vielmehr § 816 Abs. 1 S. 1 BGB, ein Sonderfall der Eingriffskondiktion. Soweit keine Gegenleistung erlangt wurde, d.h. die

Verfügung unentgeltlich erfolgte, muss der Empfänger das Erlangte herausgeben, obwohl die Verfügung wirksam war (§ 816 Abs. 1 S. 2 BGB).

**131** **Voraussetzungen von § 816 Abs. 1 BGB**

1. Verfügung
2. Verfügender war nicht berechtigt
3. Verfügung war gegenüber Berechtigtem wirksam
4. Entgeltliche Verfügung: Verfügender hat etwas erlangt
5. Rechtsfolge: Herausgabe des Erlangten (Entreicherung nach § 818 Abs. 3 BGB möglich!)

**132** Erforderlich ist zunächst eine **Verfügung**. Es gilt der allgemeine Verfügungsbegriff (oben Rn. 11), neben der Übertragung kommen also auch die Aufhebung, Belastung oder Inhaltsänderung in Betracht. Eine bloße belastende Verpflichtung (etwa Abschluss eines Mietvertrags) fällt nicht unter den Wortlaut. Auch eine Analogie wird abgelehnt, die Herausgabe der Gewinne aus einem Mietvertrag folgt vielmehr unmittelbar aus §§ 987 ff. BGB (als gezogene Nutzung); ein Mietvertrag des unberechtigten Besitzers würde zudem nicht zum Nachteil des Eigentümers wirken. Umstritten ist allerdings, ob beim Eigentumserwerbs durch Verbindung oder Vermischung von zwei (oder mehr) fremden Sachen (Rn. 193 ff.) trotz Fehlen einer „Verfügung" § 816 Abs. 1 S. 1 BGB analog angewandt werden kann. In diesen Fällen verliert der Berechtigte sein Eigentum, Ansprüche aus §§ 951 Abs. 1 S. 1, 812 Abs. 1 S. 1, 2. Var. können aber am Vorrang einer Leistungskondiktion zwischen dem Eigentümer und dem Einbauenden scheitern.

→ Fall 8

**133** Für die **fehlende Berechtigung** gilt grundsätzlich dasselbe wie im Rahmen von § 929 BGB (Rn. 164 ff.): Berechtigt ist in der Regel der Eigentümer einer Sache, der seinerseits Dritte zur Verfügung ermächtigen kann (§ 185 BGB). Ob der Nichtberechtigte (oder der Dritte) wusste oder wissen konnte, dass die Berechtigung fehlt, ist für § 816 Abs. 1 S. 1 BGB ohne Belang. Ausnahmsweise kann auch der Rechtsinhaber keine Berechtigung zur Verfügung haben, etwa bei Insolvenz (§ 22 InsO) oder Testamentsvollstreckung (§ 2211 BGB).

**134** Die Verfügung ist zunächst immer (unabhängig vom Willen des Berechtigten!) **wirksam**, soweit ein gutgläubiger (unten Rn. 166 ff.) Eigentumserwerb erfolgt. Darüber hinaus kann die Verfügung aber auch genehmigt werden (§§ 185 Abs. 2 S. 1, 184 BGB). Damit kann auch an abhandengekommenen Sachen (§ 935 BGB, unten Rn. 186 ff.) Eigentum erworben werden. Die Genehmigung macht den Nichtberechtigten nicht zum Berechtigten, sondern nur die Verfügung wirksam im Sinne von § 816 BGB. Wenn der Berechtigte den Veräußerungserlös vom Verfügenden herausverlangt, stellt dies eine Genehmigung dar; danach kann nicht mehr Herausgabe vom Dritten verlangt werden. Streitig ist, ob eine Genehmigung noch möglich ist, wenn die Sache vor Genehmigung bereits durch den Dritterwerber verarbeitet wurde. Diese Frage ist grundsätzlich nach § 184 Abs. 1 BGB zu bejahen, etwas anderes gilt allerdings im Rahmen der Zwangsvollstreckung (§ 184 Abs. 2 BGB) (Urteile 46–48).

Im Hinblick auf das „**Erlangte**" ist umstritten, ob auch ein etwaiger Veräuße- **135**
rungsgewinn mit herauszugeben ist („lucrum ex negotio cum re") oder nur der objektive Wert der Sache zu ersetzen ist. Die Rechtsprechung bejaht eine Ausgabe des gesamten Veräußerungserlös, da dieser letztlich auf dem Eingriff in den Zuweisungsgehalt des fremden Rechts beruht. Wird die Sache unter Wert verkauft, ist nur die erhaltene Gegenleistung, nicht der volle, objektive Wert zu ersetzen. Demgegenüber will ein Teil der Literatur Wertersatz nach § 818 Abs. 2 BGB gewähren und verweist für den Mehrerlös auf §§ 687 Abs. 2, 681 BGB. Im Hinblick auf Entreicherung wird hingegen die umgekehrte Frage aufgeworfen, ob der Veräußerer gegenüber dem Eigentümer wenigstens den vom ihm gezahlten Kaufpreis anrechnen kann. Dies wird überwiegend verneint.

→ Fall 9
→ Urteile 49, 50
→ Übersicht 11

## III. Erwerb des Eigentums

In Klausuren ist der Erwerb des Eigentums vor allem im Rahmen der An- **136**
spruchsberechtigung im Hinblick auf §§ 985 ff. BGB relevant. Dabei ist es wichtig, den Erwerb chronologisch ausgehend von derjenigen Person zu prüfen, von der sicher feststeht, dass sie einmal Eigentümer war (oben Rn. 7).

**1. Eigentumserwerb an beweglichen Sachen (§§ 929 ff. BGB).** Der Eigentums- **137**
erwerb an beweglichen Sachen knüpft primär an den Besitz als Publizitätsträger an. Man unterscheidet den rechtsgeschäftlichen Erwerb (der sich durch eine als Vertrag zu qualifizierende Einigung auszeichnet) vom gesetzlichen Erwerb (der allein auf Realakten basiert) und vom hoheitlichen Akt (durch Verwaltungsakt bzw. Ablieferung durch den Gerichtsvollzieher).

138 **a) Rechtsgeschäftlicher Erwerb (§§ 929–931 BGB).** Der rechtsgeschäftliche Erwerb des Eigentums an beweglichen Sachen folgt einem einfachen Schema:

139 **Rechtsgeschäftlicher Eigentumserwerb an beweglichen Sachen**

1. Einigung (= Vertrag, auf den §§ 104 ff. BGB Anwendung finden)
2. Übergabe (§ 929 S. 1 BGB: Besitzerwerb, Besitzverlust, Veranlassung) oder Surrogat:
   a) Erwerber bereits im Besitz (§ 929 S. 2 BGB)
   b) Vereinbarung eines Besitzkonstituts (§ 930 BGB)
   c) Abtretung eines Herausgabeanspruchs (§ 931 BGB) – nicht § 985 BGB!
3. Fortbestehen der Einigung bei Übergabe („Einigsein") – kein Widerruf / Anfechtung
4. Berechtigung (Eigentum und fehlende Verfügungsbeschränkung oder Ermächtigung nach § 185 Abs. 1 BGB)

140 **aa) Einigung.** Die „Einigung" ist ein neben das schuldrechtliche Verpflichtungsgeschäft (also den Kaufvertrag, die Schenkung etc.) tretender dinglicher Vertrag (Trennungsprinzip, oben Rn. 1), auf den die Regelungen des Allgemeinen Teils über Verträge (§§ 145 ff. BGB) und Willenserklärungen (§§ 104 ff. BGB) Anwendung finden. Der Inhalt dieses Vertrags ist trivial: Eine Partei bietet der anderen an, Eigentümer der Sache zu werden und die andere nimmt dieses Angebot an. Dies wird höchst selten ausdrücklich geschehen, meist erfolgt die dingliche Einigung konkludent bei Übergabe. Eine besondere Form ist nicht vorgeschrieben, auch bei Übereignung von PKW sind daher Kfz-Schein und Kfz-Brief ohne Bedeutung (siehe aber unten Rn. 183 zum gutgläubigen Erwerb). Ein dinglicher Vertrag kann der AGB-Kontrolle unterliegen (§§ 305 ff. BGB), obwohl das AGB-Recht sich im Schuldrecht findet. Oftmals muss ein schuldrechtlicher Vertrag durch zahlreiche Einigungen ergänzt werden, um ihn zu erfüllen.

141 **Beispiel:**

Um einen Kaufvertrag über ein Buch abzuwickeln, muss nicht nur eine dingliche Einigung über das Buch erfolgen (Einigung 1), sondern auch über jeden als Gegenleistung überreichten Geldschein (Einigung 2) und über jede als Wechselgeld zurückgegebene Münze (Einigung 3). So können bei einem Alltagsgeschäft vielfältige dingliche Einigungen erforderlich werden.

Bei der Einigung ist anders als beim schuldrechtlichen Verpflichtungsvertrag der Bestimmtheitsgrundsatz (Rn. 5) zu wahren. Der betroffene Gegenstand muss daher konkret bestimmt sein, etwa durch Markierung oder räumliche Aussonderung. Eine Erleichterung greift allerdings, wenn die Einigung im Vorfeld der Übergabe („**antizipierte Einigung**", siehe auch oben Rn. 53 zum antizipierten Besitzkonstitut) erfolgt, etwa bereits bei Abschluss des Verpflichtungsgeschäfts (also etwa des Kaufvertrags). Dann genügt es, wenn die Sache bei Übergabe (bzw. Surrogat) konkretisiert wird. Erforderlich ist jedoch, dass eine solche vorweggenommene Einigung im Zeitpunkt der Übergabe noch fortbesteht („Einigsein", unten Rn. 163). **142**

Wegen des **Abstraktionsprinzips** (oben Rn. 2) führt die Unwirksamkeit des Verpflichtungsgeschäfts (also des Kaufvertrags etc.) nicht dazu, dass auch die Einigung unwirksam wird. Vielmehr muss das Eigentum durch erneute Einigung und Übergabe nach §§ 929 ff. BGB rückübertragen werden; der Anspruch hierauf folgt aus § 812 Abs. 1 S. 1, 1. Var. BGB. Dabei besteht die Gefahr, dass die Sache z. B. zwischenzeitlich verloren geht, zerstört wird oder wirksam an einen Dritten übereignet wird und das Eigentum so endgültig verloren geht. Aus diesem Grunde wird diskutiert, in welchen Fällen die Einigung unwirksam sein kann (und so ein Eigentumsverlust gar nicht eingetreten ist). **143**

Dies ist jedenfalls dann der Fall, wenn die Einigung als Vertrag an eigenen Mängel leidet, etwa weil der Veräußerer zum Zeitpunkt der Einigung betrunken war (§ 105 Abs. 2 BGB) oder zu seiner Erklärung gezwungen wurde und die Anfechtung erklärt (§§ 142 Abs. 1, 123 BGB). Wenn sowohl das schuldrechtliche als auch das dingliche Geschäft an dem gleichen Mangel leiden (der Handelnde war beim Abschluss des Kaufvertrages und bei der Einigung geschäftsunfähig, beide Handlungen erfolgten unter Zwang oder Drohung und wurden daher angefochten), spricht man von „**Fehleridentität**". Soweit dies teilweise als Ausnahme zum Abstraktionsprinzip dargestellt wird, ist dies irreführend. Vielmehr liegen zwei separate Verträge vor, die jeweils an eigenen Fehlern leiden, die zufällig parallel liegen. Dies ist deutlich bei Gesetzes- oder Sittenverstößen (§§ 134, 138 BGB), da dort regelmäßig gerade der Erfolg (also die Verfügung) verhindert werden soll (insbesondere bei Wucher, § 138 Abs. 2 BGB): Dann sind sowohl das Verpflichtungs- als auch das Verfügungsgeschäft (unabhängig voneinander!) nichtig. Schwierigkeiten bereitet hingegen der Irrtum über eine verkehrswesentliche Eigenschaft der Sache (§ 119 Abs. 2 BGB), der sich in der Regel sowohl auf das Grundgeschäft als auch die Einigungserklärung auswirkt. Selbst wenn die Rechtsgeschäfte zeitlich getrennt erfolgen, wirkt ein **144**

Irrtum zumeist fort. Hierdurch können beide Geschäfte angefochten werden und das Abstraktionsprinzip bleibt für eine Vielzahl von Fällen ohne Folgen (Urteil 51).

145 Der BGH erlaubt zudem trotz Widerstand im Schrifttum, Verpflichtungs- und Verfügungsgeschäft zu einem **einheitlichen Geschäft** im Sinne von § 139 BGB zu verknüpfen (**Geschäftseinheit**). Dies ist nicht nur im Hinblick auf den Wortlaut von § 139 BGB und das Abstraktionsprinzip fragwürdig, sondern auch praktisch überflüssig. Nach der Systematik des BGB ist es allerdings möglich, die dingliche Einigung durch die Wirksamkeit des schuldrechtlichen Vertrags aufschiebend oder auflösend zu bedingen (§ 158 BGB), sodass bei dessen Unwirksamkeit auch die Einigung entfällt (sog. „**Bedingungszusammenhang**"). Dies ist nur beim rechtsgeschäftlichen Erwerb von Immobilien ausgeschlossen (§ 925 Abs. 2 BGB) (Urteil 52).

146 Bei der Einigung ist gesetzliche und rechtsgeschäftliche **Vertretung** nach §§ 164 ff. BGB zulässig. Im Rahmen des Geschäfts für den, den es angeht (insbesondere bei Bargeschäften des täglichen Lebens) und bei unternehmensbezogenen Geschäften kann dabei auf die Benennung des konkreten Vertretenen verzichtet werden, ohne dass dies den Bestimmtheitsgrundsatz (Rn. 5) in Frage stellt. Demgegenüber berechtigt die Schlüsselgewalt (§ 1357 BGB) einen Ehegatten nur, schuldrechtliche Rechte und Pflichten für den anderen zu begründen, ohne dass dieser gleichzeitig bei solchen Geschäften Miteigentümer wird. Die gesetzliche Vertretungsbefugnis von Eltern für ihre Kinder ist nach §§ 1629 Abs. 2, 1795 Abs. 2, 181 BGB ausgeschlossen, soweit diese selbst dem Kind etwas übereignen wollen und das Geschäft weder ausschließlich rechtlich vorteilhaft ist noch sich auf die Erfüllung einer Verbindlichkeit beschränkt.

147 Wichtig:
Die Stellvertretung betrifft nur das Merkmal der **Einigung**, nicht hingegen die Besitzübertragung. Dort muss man sich mit Besitzdienern (Rn. 33, 153), Besitzmittlern (Rn. 46, 152) oder Geheißpersonen (Rn. 40, 154) behelfen.

148 Eine dingliche Einigung kann auch mit **einem beschränkt Geschäftsfähigen** (§ 106 BGB) erfolgen. Die Einigung als solche ist dabei grundsätzlich ein lediglich rechtlich vorteilhaftes Geschäft im Sinne von § 107 BGB. Allerdings soll die Übereignung einer Sache an einen Minderjährigen in aller Regel mangels „Empfangszuständigkeit" keine Erfüllungswirkung (§ 362 BGB) haben, soweit der gesetzliche Vertreter nicht (etwa nach § 110 BGB durch Gewährung von

Taschengeld) zustimmt. Im Einzelfall kann die Verweigerung der Zustimmung nach § 242 BGB fingiert werden.

→ Übersicht 12

**bb) Übergabe oder Surrogat.** Aufgrund des Publizitätsprinzips (oben Rn. 6) er- **149**
fordert die Verschaffung von Eigentum neben der bloßen Einigung in der Regel auch einen tatsächlichen Umsetzungsakt. Dabei stellt das Gesetz vier verschiedene Varianten bereit, die im Rahmen des gutgläubigen Erwerbs (unten Rn. 175 ff.) wieder aufgegriffen werden.

Die vielfältigen Gestaltungsmöglichkeiten weisen allerdings eine Lücke auf: **150**
Wenn der Veräußerer keinen Herausgabeanspruch gegen einen Dritten hat (namentlich wenn die Sache verloren und noch von keinem Dritten gefunden wurde oder bei Versand unbestellter Ware gem. § 241a BGB), ist weder eine Übergabe (Rn. 151 ff.) möglich noch kann auf eines der Surrogate zurückgegriffen werden. Dennoch kann es in diesen Fällen ein praktisches Bedürfnis nach einer wirksamen Übereignung geben, etwa wenn eine Versicherung für die verlorene Sache eine Entschädigung zahlt, aber hierfür als Ausgleich das Eigentum daran fordert (sonst müsste bei Wiederauffinden der Sache die gezahlte Versicherungssumme nach § 812 Abs. 1 S. 2 BGB zurückgezahlt werden). Die herrschende Meinung lässt in diesen Fällen (wie bei § 929 S. 2 BGB, unten Rn. 155) die **schlichte Einigung** genügen. So kann etwa auch bei gesunkenen Schiffen gewährleistet werden, dass derjenige, der das Wrack birgt, schon vorher gesichertes Eigentum am Bergungsgut hat.

**(1) "Übergabe" (§ 929 S. 1 BGB).** Der gesetzliche Grundfall ist die „Übergabe" **151**
(wegen der lat. Übersetzung „tradere" spricht man auch vom „*Traditionsprinzip*"), d.h. der Verlust jeglicher Besitzposition auf Seiten des Veräußerers und die dauerhafte Erlangung irgendeiner Besitzposition durch den Erwerber auf Veranlassung des Veräußerers. Für Erwerber und Veräußerer können dabei Hilfspersonen handeln – nicht „Vertreter" (diese gibt es nur bei der dinglichen Einigung, oben Rn. 146), aber Besitzdiener (§ 855 BGB, Rn. 33), Besitzmittler (§ 868 BGB, Rn. 46) oder Geheißpersonen (Rn. 40). Solange der Veräußerer mittelbarer oder unmittelbarer (Mit-)Besitzer bleibt, kommt nur eine Eigentumsverschaffung nach § 930 BGB (unten Rn. 156) in Betracht.

Für eine Übergabe ist nicht erforderlich, dass Erwerber oder Veräußerer unmit- **152**
telbarer Besitzer sind bzw. werden, auch wenn dies den Regelfall darstellt. Eine Übergabe kann auch dadurch erfolgen, dass ein **mittelbarer Besitzer** das Besitzmittlungsverhältnis mit dem Besitzmittler aufgibt und dieser ein neues Besitz-

konstitut mit dem Erwerber vereinbart (oben Rn. 48). Zu beachten ist zudem die Gestaltungsmöglichkeit des § 854 Abs. 2 BGB: Die Übergabe kann auch durch eine Einigung ersetzt werden, wenn sich der Erwerber die tatsächliche Sachherrschaft verschaffen kann (soweit er diese bereits innehat, greift hingegen § 929 S. 2 BGB) und der Veräußerer seinen Einfluss nach außen erkennbar aufgibt (oben Rn. 39) (Urteil 53).

**153** Trickreiche Varianten sind bei Einschaltung von **Besitzdienern** denkbar: Während § 930 BGB den Fall regelt, dass der Veräußerer sich dem mittelbaren Besitz des Erwerbers unterwirft und so zu dessen Besitzmittler wird, gibt es keine entsprechende Regelung für den Wechsel von unmittelbarem Besitz zur Besitzdienerschaft (etwa indem der Veräußerer nach einem Unternehmenskauf die im Einzelnen zu bestimmenden Anlagegegenstände seines bisherigen selbstständigen Unternehmen in das Unternehmen seines neuen Arbeitgebers, des Erwerbers, einbringen soll). Auch hierin kann eine Übereignung liegen, obwohl keine nach außen erkennbare Übertragung der Sachherrschaft erfolgt. Noch schwieriger ist die denkbare Konstellation, dass ein Besitzdiener des Veräußerers zum Besitzdiener des Erwerbers wird, etwa indem das eine Abhängigkeitsverhältnis beendet und direkt daran anknüpfend ein neues begründet wird, ohne dass die Sachherrschaft verloren geht.

**154** Besonders klausurrelevant sind Fälle von **Lieferketten** (auch „Streckengeschäften"). Diese können (selten) über § 931 BGB (Rn. 160) oder § 930 BGB (unten Rn. 157) konstruiert werden, sollen aber im Regelfall unter Einschaltung von Geheißpersonen nach § 929 S. 1 BGB erfolgen. Dies geschieht dergestalt, dass ein Zwischenhändler (V) den Hersteller (H) anweist, eine Sache an den Endkunden (K) zu liefern. Auf dinglicher Ebene handelt dabei K aus Sicht des H als Geheißperson des V auf Empfängerseite, während H aus Sicht des K als Geheißperson für V auf Veräußererseite handelt. Dabei erfolgt zwar aus Sicht eines Dritten nur eine Übergabe von H an K – der Jurist sieht aber in diesem Vorgang zwei zeitlich minimal auseinanderfallende Übergabehandlungen von H an V und sodann von V an K. Damit erwirbt V für eine juristische Sekunde Eigentum (und Besitz!) an der übereigneten Sache, ohne sie jemals in der Hand zu halten. Solche Ketten lassen sich beliebig verlängern.

→ Urteile 54, 55
→ Übersicht 13
→ Fall 10

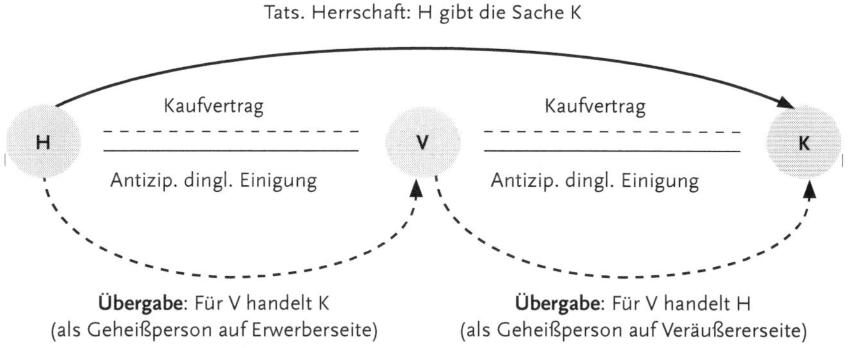


**(2) Vorbesitz des Erwerbers und Einigung (§ 929 S. 2 BGB).** Wenn derjenige, der Eigentum erwerben soll, bereits im Besitz der Sache ist, wäre es überflüssig, wenn er diesen Besitz erst an den Veräußerer zurückgeben müsste, um ihn sofort wieder zu erhalten. Daher bietet § 929 S. 2 BGB die Möglichkeit eines Erwerbs durch bloße Einigung („**brevi manu traditio**"), wenn der Erwerber die Sache bereits in (mittelbarem oder unmittelbarem) Besitz hat. So kann etwa derjenige, der eine bewegliche Sache (keine Wohnung!) erlaubt oder vertragswidrig untervermietet hat, durch schlichte Einigung Eigentum erlangen: Er ist bereits mittelbarer (Fremd-)Besitzer, sodass der Veräußerer durch Verzicht auf seinen mittelbaren (Eigen-)Besitz ihm Alleinbesitz verschaffen kann. In Abgrenzung zu § 929 S. 1 BGB in Verbindung mit § 854 Abs. 2 BGB genügt es nicht, dass der Erwerber den Besitz ergreifen kann; anders als bei § 930 BGB muss der Veräußerer jede Besitzposition verlieren (er darf also nach der Veräußerung weder mittelbarer noch unmittelbarer Besitzer sein). Wie der Erwerber an den Besitz gelangt ist, spielt keine Rolle – er kann diesen sogar durch Diebstahl oder Übergabe durch einen Hehler erlangt haben. Maßgeblich ist allein die Einigung mit dem bisherigen Eigentümer, der keinen Besitz hat. **155**

**(3) Begründung mittelbaren Besitzes (§ 930 BGB).** Die praktische Bedeutung von § 930 BGB liegt darin, dass dies die einzige Gestaltung ist, bei welcher der Veräußerer nach der Eigentumsübertragung Besitzer der übereigneten Sache bleiben kann. Damit ist die Regelung Grundlage der **Sicherungsübereignung** (unten Rn. 316 ff.). Da die Einräumung mittelbaren Besitzes für Außenstehende nicht erkennbar ist, handelt es sich um eine Ausnahme zum sonst für die Übertragung beweglicher Sachen geltenden Publizitätsprinzips (oben Rn. 6), die dazu führt, dass ein gutgläubiger Erwerb erst mit Besitzverlust beim Veräußerer wirksam wird (§ 933 BGB, unten Rn. 178). **156**

157 Der Veräußerer muss weder vor noch nach der Übereignung unmittelbarer Besitzer sein, es genügt, wenn er **mittelbaren (Eigen-)Besitz** hat. In diesem Fall führt die nach § 930 BGB erforderliche Vereinbarung eines Besitzkonstituts dazu, dass gestufter mittelbarer Besitz entsteht, bei dem der Erwerber dem Veräußerer übergeordnet wird, der danach nur noch mittelbarer Fremdbesitzer ist. Zu dieser Lösung gibt es zwei Varianten: Einerseits kann der Veräußerer den mittelbaren Besitz nach § 929 S. 1 BGB „übergeben“ (oben Rn. 152), andererseits kann er auch seinen Herausgabeanspruch an den Erwerber abtreten (§ 931 BGB, unten Rn. 160). Beide Gestaltungen führen dazu, dass er keinen Besitz mehr innehat und sind im Hinblick auf den gutgläubigen Erwerb (§ 932 Abs. 1 S. 1 BGB, Rn. 176, bzw. § 934 BGB, Rn. 179 ff.) für den Erwerber vorteilhaft.

158 Es muss kein neues Besitzkonstitut vereinbart werden; es genügt vielmehr ein bereits bestehendes **gesetzliches Besitzmittlungsverhältnis**, wie bei Ehe, Lebenspartnerschaft oder von Eltern gegenüber ihren Kindern (oben Rn. 44). Bedeutung entfaltet dies bei Gegenständen, an denen zuvor Mitbesitz (oben Rn. 57) bestand: Bei deren Übertragung verschieben sich wie bei einer Wippe die Rollen der Beteiligten: Der unmittelbare (Fremd-)Mitbesitz des Erwerbers wird zu unmittelbarem (Eigen-)Mitbesitz und bezüglich des Anteils des Veräußerers wird neuer, mittelbarer (Eigen-)Mitbesitz begründet. Der zuvor bestehende mittelbare (Eigen-)Mitbesitz des Veräußerers entfällt ebenso wie dessen unmittelbarer (Eigen-)Mitbesitz, er besitzt nunmehr nur noch als unmittelbarer (Fremd-)Mitbesitzer.

159 Praktisch relevant ist schließlich die Verknüpfung eines **antizipierten Besitzkonstituts** (oben Rn. 53) mit einer antizipierten Einigung (oben Rn. 142): Dadurch kann bei noch vom Veräußerer zu erwerbenden Sachen eine Übereignung sehr frühzeitig erfolgen. Einer besonderen Übertragungshandlung bedarf es dann nicht mehr, allerdings muss die Sache im Zeitpunkt der Übertragung hinreichend bestimmt sein (oben Rn. 5). Wichtig: Trotz antizipierten Besitzkonstituts wird der Veräußerer zumindest für eine juristische Sekunde Eigentümer, es handelt sich um einen Fall des Durchgangserwerbs. In diesem Moment kann etwa ein Vermieterpfandrecht (unten Rn. 349) an der zu diesem Zeitpunkt schuldnereigenen Sache entstehen.

→ Übersicht 14

→ Fall 11

**(4) Abtretung eines Herausgabeanspruchs (§ 931 BGB).** Die letzte Möglichkeit, 160
um das Publizitätserfordernis bei der Übereignung beweglicher Sachen zu erfüllen, liegt in der Abtretung eines Herausgabeanspruchs gegen den unmittelbaren oder mittelbaren Besitzer. Hierdurch verliert der Veräußerer jegliche Besitzposition (mittelbarer Besitz setzt das Fortbestehen des Herausgabeanspruchs voraus, oben Rn. 45). Anders als für § 929 S. 1 BGB erforderlich erlangt der Erwerber aber nicht (mittelbaren) Besitz, da zwischen ihm und dem unmittelbaren Besitzer nach der Übereignung nicht unbedingt ein Besitzmittlungsverhältnis bestehen muss. Es ist zudem nicht erforderlich, dass der Veräußerer überhaupt Besitzer war, es genügt auch ein gesetzlicher Herausgabeanspruch (etwa aus § 812 BGB oder aus §§ 823 Abs. 1, 249 BGB). Bedeutung hat dies, wenn die übereignete Sache gestohlen wurde; dann kann die Eigentumsverschaffung nur durch diese Abtretung erfolgen.

> Ansprüche aus § 985 BGB, § 861 BGB oder § 1007 BGB genügen hingegen 161
> nicht – diese sind untrennbar mit dem Eigentum bzw. dem früheren Besitz verknüpft und nicht separat abtretbar. Wegen den abtretbaren Herausgabeansprüchen aus §§ 823 Abs. 1, 249 BGB sowie §§ 812, 818 Abs. 1 BGB bedarf es einer solchen Abtretung der dinglichen Ansprüche aber auch nicht.

Die Abtretung des Herausgabeanspruchs erfolgt nach § 398 BGB durch 162
**schlichte Einigung**, die keiner Form bedarf. Allerdings kann sich aus dem Besitzmittlungsverhältnis etwas anderes ergeben, es sind sogar wirksame Abtretungsverbote möglich (§ 399 BGB). Soweit ein solches Abtretungsverbot besteht, kommt nur eine Übereignung nach § 930 BGB in Frage (bei welcher der Veräußerer mittelbarer Besitzer bleibt und sich bloß dem Erwerber unterordnet). Ansonsten bewirkt die Abtretung den Übergang des mittelbaren Besitzes (§ 870 BGB, oben. Rn. 47). Der Besitzmittler wird vor einer vorzeitigen Geltendmachung des Herausgabeanspruchs durch § 986 Abs. 2 BGB geschützt (unten Rn. 95); solange er nichts von der Abtretung weiß, kann er die Sache zudem an den Veräußerer herausgeben (§ 407 BGB).

**cc) Einigsein.** Während die als Vertrag qualifizierte „Einigung" (oben Rn. 140) 163
in § 929 S. 1 BGB nicht ausdrücklich erwähnt wird, verlangt das Gesetz das „Einigsein" im Zeitpunkt der Übergabe. Praktisch bedeutet dies, dass die Einigung anders als Verträge und Willenserklärungen bis zur Übergabe (bzw. zur Verwirklichung eines der oben genannten Surrogate) frei widerruflich ist (etwas anderes gilt nach § 873 Abs. 2 BGB unter bestimmten Umständen für die Einigung bei Verfügungen über Immobilien, unten Rn. 222). Ohne eine solche

Widerrufserklärung kann jedoch derjenige, dem eine Sache übergeben wird (oder demgegenüber ein Übergabesurrogat bewirkt wird), darauf vertrauen, dass eine einmal erklärte Einigung fortbesteht. Ebenso schädlich ist es aber, wenn Veräußerer oder Erwerber vor diesem Zeitpunkt geschäftsunfähig werden. Wird hingegen ein minderjähriger Beteiligter vor Übergabe (oder Verwirklichung des Surrogats) voll geschäftsfähig, wird die Übereignung selbst dann wirksam, wenn keine Zustimmung der Eltern vorliegt. Auf § 108 Abs. 3 BGB kommt es nicht an, da keine „Genehmigung“ vorliegt.

**164** **dd) Berechtigung (§ 185 BGB).** Der Begriff „Berechtigung“ bzw. „Verfügungsbefugnis“ taucht im Wortlaut von § 929 BGB nicht auf. Dennoch ist selbstverständlich, dass nur der Berechtigte Eigentum an einer Sache verschaffen kann (siehe nur § 185 BGB, § 932 BGB). Gemeint ist damit der Eigentümer selbst oder eine von ihm nach § 185 Abs. 1 BGB ermächtigte Person. Eine (zunächst nur schwebend unwirksame) Verfügung eines Nichtberechtigten kann zudem nachträglich genehmigt werden (§ 185 Abs. 2 BGB) mit Heilungswirkung ex tunc (§ 184 BGB). Insoweit ähnelt die Wirkung des § 185 BGB derjenigen der Stellvertretung nach §§ 164 ff. BGB.

**165** Ausnahmsweise kann der Eigentümer selbst nicht (mehr) berechtigt sein (Rn. 12). Dies ist der Fall, soweit ihn ein gesetzliches Veräußerungsverbot (z. B. § 3 BtMG in Bezug auf Drogen) bzw. eine gesetzliche oder behördliche Verfügungsbeschränkung trifft. Dadurch kann ein Dritter an Stelle des Eigentümers verfügungsbefugt sein, etwa ein Insolvenzverwalter (§ 80 Abs. 1 InsO) oder ein Testamentsvollstrecker (§§ 2205, 2211 BGB). Vertragliche Beschränkungen haben hingegen selbst dann keine Wirkung zulasten des Erwerbers wenn dieser bösgläubig ist (§ 137 S. 1 BGB). Ein Verstoß führt allenfalls zur Schadensersatzpflicht des Veräußerers nach §§ 280 Abs. 1, Abs. 3, 281 BGB.

→ Übersicht 15

**166** **b) Gutgläubiger Erwerb (§§ 932–935 BGB).** Grundsätzlich wäre ein System, in dem jeglicher Eigentumserwerb von einer zur Veräußerung nicht befugten Person (insbesondere von jemand anderem als dem Eigentümer) ausgeschlossen ist, durchaus vorstellbar. Wenn eine Zustimmung im Sinne von § 185 BGB (oben Rn. 164) vorliegt oder das Geschäft nachträglich genehmigt wurde, handelt der Dritte wie ein Berechtigter (§§ 932 ff. BGB sind also nicht zu prüfen!). Außerhalb dieser Fälle wäre ein Eigentumserwerb immer mit der Gefahr verbunden, dass an die Stelle des eigentlich erhofften Erwerbs einer Sache nur Schadensersatzansprüche gegen den Veräußerer treten. Um den Erwerber zu schützen und dadurch den Handel zu fördern, ist nach §§ 932–934 BGB aber auch ein Erwerb beweglicher Sachen vom Nichtberechtigten gegen den Willen des Eigentümers möglich.

Für die Anwendung der §§ 932 ff. BGB ist allerdings genau zu unterscheiden: **167** Unmittelbar anwendbar sind diese nur für den Fall, dass der Veräußerer nicht Eigentümer ist und überwinden auch nur diesen Makel. Auf relative Verfügungsbeschränkungen (oben Rn. 12, 165) finden sie aber regelmäßig kraft ausdrücklicher Verweisung (§ 135 Abs. 2 BGB für gerichtliche Verbote, § 161 Abs. 3 BGB für bedingte Geschäfte wie dem Eigentumsvorbehalt, § 81 Abs. 1 S. 2 InsO für die Insolvenz, § 2211 Abs. 2 BGB für Testamentsvollstreckung) Anwendung. Bei absoluten Verfügungsbeschränkungen (etwa bei §§ 1365, 1369 BGB) fehlen entsprechende Regelungen – ein gutgläubiger Erwerb ist also ausgeschlossen. Zu beachten ist schließlich das Verhältnis der §§ 932 ff. BGB zum Rechtsschein des Erbscheins § 2366 BGB): Der Erbschein vermittelt (nur) den Rechtsschein, dass der Scheinerbe nicht verfügungsbeschränkter Erbe ist. War der Erblasser Eigentümer, erfolgt der Erwerb also nach §§ 929–931 BGB i. V. m. § 2366 BGB, auf §§ 932 ff. BGB ist nicht abzustellen. War der Erblasser hingegen nicht Eigentümer, finden §§ 932 ff. BGB und § 2366 BGB parallel Anwendung (doppelter Rechtsschein).

Wie in anderen Rechtsscheintatbeständen (zum gutgläubigen Erwerb bei **168** Grundstücken unten Rn. 227 ff.) muss neben den guten Glauben (§ 932 Abs. 2 BGB) als subjektives Element ein objektiver Anknüpfungspunkt, die Verschaffung von Besitz (§§ 932–934 BGB), treten und dieser Rechtsschein muss demjenigen, der berechtigt ist, zurechenbar sein, indem er den unmittelbaren Besitz freiwillig verloren hat (§ 935 BGB). Dabei gibt es zu jedem der Übergabesurrogate einen eigenen Tatbestand, der den Erwerb vom Nichtberechtigten ermöglicht – man findet ihn durch schlichte Addition von drei: § 932 Abs. 1 S. 1 BGB entspricht § 929 S. 1 BGB, § 932 Abs. 1 S. 2 BGB entspricht § 929 S. 2 BGB, § 933 BGB entspricht § 930 BGB, § 934 BGB (der zwei Varianten beinhaltet) entspricht § 931 BGB.

Die Voraussetzungen des gutgläubigen Erwerbs entsprechen zunächst dem **169** rechtsgeschäftlichen Erwerb vom Berechtigten. Es muss also ein Fall der §§ 929–931 BGB vorliegen; ein gesetzlicher Erwerb, etwa nach § 947 BGB genügt hingegen nicht. Für die Einigung (Rn. 140 ff.), die Übergabe (bzw. das entsprechende Surrogat, oben Rn. 149 ff.) und das Einigsein im Zeitpunkt der Übergabe (oben Rn. 163) gelten keine Besonderheiten. Eine gewisse Diskussion erfolgt allerdings im Hinblick auf die Frage, inwieweit die dingliche Einigung eines minderjährigen Veräußerers für diesen ein „lediglich rechtlich vorteilhaftes" (bzw. im konkreten Fall verlustneutrales) und deshalb wirksames Rechtsgeschäft darstellt (§ 107 BGB). Denn der Minderjährige verliert durch die Übereignung einer fremden Sache nichts. Er setzt sich allenfalls Schadensersatzansprüchen aus, was aber als mittelbare Folge die rechtliche Neutralität nicht ausschließt. Dieses Ergebnis will ein Teil der Literatur durch eine Gesamtschau von § 932 BGB und § 107 BGB korrigieren: Wenn die Vorstellung des Erwerbers zuträfe, würde der Minderjährige über eine eigene Sache verfügen, was gegen § 107 BGB verstößt – das Geschäft wäre also unwirksam. Der gute Glaube an die Volljährigkeit wird durch § 932 BGB gerade nicht fingiert. Also scheide ein Erwerb aus. In gleicher Weise wird ein „Erst-Recht-Schluss" vorgeschlagen im Fall der Übereignung fremder Haushaltsgegenstände in der Ehe: § 1369 BGB verbietet nur die Veräußerung eigener Haushaltsgegenstände gegen den Willen des anderen Ehegatten – der Verkauf der Haushaltsgegenstände des anderen Ehegatten wäre dagegen aufgrund gutgläubigen Erwerbs möglich. Auch hier wird ein Wertungswiderspruch erblickt, der durch Ausweitung des Verbots geschlossen werden soll. Im Ergebnis wird man aber beide Ansichten ablehnen müssen. Jedes Merkmal des Erwerbs ist für sich zu betrachten. Der Gesetzgeber hätte die seit langem bekannte Problematik durchaus regeln können, hat aber dem Verkehrsschutz insoweit den Vorrang eingeräumt (zumal eine Sanktionierung durch Schadensersatz und Strafbarkeit eingreift, die bei Verfügungen über eigene Sachen nicht besteht).

→ Fall 12

**170** Erst im Anschluss prüft man die weiteren Voraussetzungen der §§ 932 ff. BGB. Es ergibt sich folgendes Schema:

**171** **Gutgläubiger Erwerb beweglicher Sachen**

1. Einigung
2. Übergabe (§ 929 S. 1 BGB) oder Surrogat (§§ 929 S. 2, 930, 931 BGB)
3. Einigsein
4. Veräußerer ist nicht Eigentümer und nicht nach § 185 BGB ermächtigt
5. Schutzwürdigkeit: Vorliegen eines „Verkehrsgeschäfts"
6. Objektives Gutglaubenselement: Besitzverschaffung
   a. Bei § 929 S. 1 BGB: Übergabe (§ 932 Abs. 1 S. 1 BGB) genügt, keine zusätzliche Voraussetzung
   b. Bei § 929 S. 1 BGB: Erlangung von Besitz vom Veräußerer (§ 932 Abs. 1 S. 2 BGB)

c. Bei § 930 BGB: Übergabe (§ 933 BGB: Besitzkonstitut allein reicht nicht!)
d. Bei § 931 BGB: Tatsächlich bestehender mittelbarer Besitz des Veräußerers (§ 934, 1. Var. BGB) oder Erwerb von Besitz durch Erwerber und kein verbleibender Besitz des Veräußerers (§ 934, 2. Var. BGB)

7. Subjektiv: Guter Glaube an Eigentümerstellung des Veräußerers (keine Kenntnis oder grobe Fahrlässigkeit bzgl. Unkenntnis von fehlender Berechtigung)
8. Zurechenbarkeit: Kein Abhandenkommen (§ 935 BGB) – Verlust des unmittelbaren Besitzes gegen den Willen des Eigentümers oder eines ihm untergeordneten Besitzmittlers

**aa) Vorliegen eines Verkehrsgeschäfts.** Ein „Verkehrsgeschäft" setzt zunächst einen rechtsgeschäftlichen Erwerb voraus (d.h. durch Einigung und Übergabe bzw. ein Surrogat, oben Rn. 138 ff.). Dies schließt den Erwerb etwa im Rahmen der Erbfolge (§ 1922 BGB) aus; der Glaube, dass der Erblasser Eigentümer war ist irrelevant. Ein „Verkehrsgeschäft" setzt weiterhin voraus, dass Erwerber und Veräußerer nicht nur rechtlich, sondern auch wirtschaftlich völlig verschieden sind. Damit soll die Übereignung einer fremden Sache durch eine OHG an einen gutgläubigen Gesellschafter oder die Übereignung fremder Sachen durch einen GmbH-Alleingesellschafter an die durch einen gutgläubigen Geschäftsführer vertretene GmbH vom Anwendungsbereich der §§ 932 ff. BGB ausgenommen werden. Im Einzelnen ist die Grenzziehung aber fließend, sodass ein Verkehrsgeschäft bejaht wird, wenn an die durch einen gutgläubigen vertretungsbefugten Gesellschafter vertretene OHG eine fremde Sache von einem Gesellschafter übereignet wird oder eine GmbH mehrere Gesellschafter hat. 172

→ Fall 13

**Hinweis:** 173
In Klausuren sollten Sie dieses Merkmal nur dann prüfen, wenn insoweit wirklich ein Problem besteht. Ansonsten lassen Sie es einfach weg!

Kein Fall des „Verkehrsgeschäfts" sondern eine Einschränkung des Erwerbs vom Berechtigten (!) liegt in der Konstellation eines Veräußerungskreisels vor. Derjenige, der eine Sache unterschlägt, mag diese an einen gutgläubigen Dritten in Erfüllung eines Kaufvertrages (§ 433 Abs. 1 BGB) übereignet haben. Dieser wird nach §§ 929 S. 1, 932 Abs. 1 BGB Eigentümer. Ein Abhandenkommen 174 nach § 935 BGB liegt bei Unterschlagung anders als beim Diebstahl nämlich nicht vor (Rn. 186). Tritt nun der Käufer wegen eines erheblichen Sachmangels zurück (§§ 437 Nr. 3, 434, 346 BGB), wird er die Sache nach § 929 S. 1 BGB (als Berechtigter!) an den Verkäufer rückübereignen. Dieser würde Eigentum vom Berechtigten erlangen und damit Eigentümer der ehemals fremden Sache (auf Gutgläubigkeit kommt es nicht an, da die Rückübereignung nach § 929 S. 1 BGB vom Berechtigten erfolgt!). Besonders suspekt sind Fälle, in denen bereits ein Rückerwerb vertraglich vorgesehen wird (etwa durch ein Vorkaufsrecht oder im Rahmen einer Sicherungsübereignung). Bislang wurde dieser Fall nicht gerichtlich entschieden; in der Literatur wird aber vorgeschlagen, dass an Stelle des bösgläubigen Veräußerers der ursprüngliche Eigentümer sein Eigentum zurückerlangen soll. Die Begründungen dafür variieren, einerseits wird eine teleologische Reduktion der §§ 932 ff. BGB befürwortet, andererseits soll die Einigung bei der Rückübereignung zugunsten des wahren früheren Eigentümers gelten (als „Geschäft für den, den es angeht). Konstruktiv ist dies gewagt; in der Praxis wird eher eine bloß schuldrechtliche Rückübertragungspflicht anzunehmen sein.

→ Urteil 56
→ Übersicht 16

175 **bb) Objektives Gutglaubensmoment: Besitzverschaffungsmacht (§§ 932–934 BGB).** Das objektive Moment des Gutglaubenstatbestands differenziert danach, aufgrund welchen Tatbestandes der Erwerb erfolgt:

176 • Bei § 929 S. 1 BGB ist nach § 932 Abs. 1 S. 1 BGB kein besonderes Moment erforderlich, es genügt die (bereits im Rahmen des Grundtatbestands geprüfte) Übergabe, d.h. Besitzverlust beim Veräußerer und Besitzerlangung durch den Erwerber. Auch hier können Besitzdiener, Besitzmittler und Geheißpersonen eingeschaltet werden. Schwierigkeiten bereitet der Erwerb unter Einschaltung von **Scheingeheißpersonen**, insbesondere bei Streckengeschäften (oben Rn. 154). Gemeint sind Fälle, in denen der Erwerber die Sache von einer Person erhält, die aus seiner Sicht auf Geheiß des Veräußerers handelt, die betreffende Person in Wirklichkeit aber selbstständig (und nicht für den Veräußerer) handelt und eigenes Eigentum übertragen will. Dann erlangt der Erwerber zwar die Sache, es ist jedoch fraglich, ob wirklich eine „Übergabe" vorliegt, weil die Besitzerlangung gerade nicht auf den Veräußerer zurückzuführen ist. Darauf kann es jedoch nicht ankommen: § 934, 2. Var. BGB zeigt, dass allein die faktische Möglichkeit zur Besitzverschaffung aus Sicht des *Erwerbers* genügt, selbst wenn dieser keine Rechtsposition

(d.h. mittelbarer oder unmittelbarer Besitz) zugrunde liegt. Ein solcher Dritter hätte hier einen Besitzerwerb vom Veräußerer bejaht, sodass auch der Scheingeheißerwerb möglich ist.

→ Urteil 57
→ Fall 14
→ Übersicht 17

- Bei Erwerb von Eigentum nach § 929 S. 2 BGB genügt es nach § 932 Abs. 1 **177**
  S. 2 BGB hingegen nicht, dass der Erwerber irgendwie in Besitz der Sache gelangt ist. Er muss diese gerade vom Veräußerer erlangt haben (Urteil 58).

- Während nach § 930 BGB der Erwerb bereits mit Vereinbarung des Besitz- **178**
  konstituts abgeschlossen ist (oben Rn. 156) verlangt § 933 BGB für einen gutgläubigen Erwerb die Übergabe der Sache im Sinne eines vollständigen (!) Besitzverlusts beim Veräußerer und Besitzerlangung beim Erwerber. Ein „Hin- und Herreichen" genügt nicht. Wie bei § 932 Abs. 1 S. 2 BGB muss zudem gerade der Veräußerer dem Erwerber den Besitz verschaffen. Eine Wegnahme genügt selbst dann nicht, wenn der Erwerber hierzu ermächtigt war. Faktisch wird also ein Eigentumserwerb durch bloße Vereinbarung eines Besitzkonstituts ausgeschlossen, weil hierdurch der Erwerber noch keine vom Veräußerer unabhängige, gesicherte Position erlangen konnte. Erfolgt die Übergabe, wird der Eigentumserwerb rückwirkend auf den Zeitpunkt von Einigung und Besitzkonstitut wirksam (Urteil 59).

> Der Erwerber von Sachen unter Eigentumsvorbehalt (§§ 929 S. 1, 158 BGB unten Rn. 292 ff.) wird nicht Eigentümer. Er kann seine Sachen daher nicht wirksam zur Sicherheit übereignen (§ 930 BGB, unten Rn. 316 ff.); wegen der nach § 933 BGB erforderlichen Übergabe ist auch ein gutgläubiger Erwerb impraktikabel (die Sachen werden der Bank nicht übergeben). In der Praxis behilft man sich, indem man die Sicherungsübereignung des Eigentums in die Übertragung des Anwartschaftsrechts (Rn. 255) umdeutet (§ 140 BGB). Durch Zahlung des ausstehenden (Rest-)Kaufpreises wird dieses in der Hand des Sicherungsnehmers zu Volleigentum ohne Zwischenerwerb des Sicherungsgebers (=Vorbehaltskäufers) und kann dann verwertet werden (unten Rn. 301) (Urteil 60).

- Anders als im Fall des § 930 BGB verliert der Veräußerer bei Abtretung des **179**
  Herausgabeanspruchs nach § 931 BGB (oben Rn. 160) seine Besitzposition.

Dementsprechend ist der Eigentumserwerb dort unter erleichterten Bedingungen möglich. Die Regelung unterscheidet zwei Fälle:

**180** Ist der Veräußerer bereits mittelbarer Besitzer (etwa: Der Mieter, der eine fremde bewegliche Sache untervermietet), genügt es, wenn er seinen Herausgabeanspruch abtritt. Über die schon nach § 931 BGB erforderliche Abtretung des Herausgabeanspruchs (oben Rn. 160) hinaus sind also keine weiteren Voraussetzungen erforderlich. Allerdings genügt nicht die Begründung gestuften mittelbaren Besitzes: Dies wäre ein Fall von § 930 BGB, bei dem der Eigentumserwerb nach § 933 BGB erst durch Übergabe wirksam wird, oben Rn. 178. Die Regelung des § 934, 1. Var. BGB ist im Übrigen kein Wertungswiderspruch zu § 933 BGB (der die Übergabe verlangt), da in beiden Fällen der Veräußerer jegliche Besitzposition verliert; soweit er hingegen nur ein Besitzkonstitut vereinbart, würde er unmittelbaren (Fremd-)Besitz behalten, was kein hinreichender Anknüpfungspunkt für gesetzlich schutzwürdiges Vertrauen ist. Dennoch will ein Teil des juristischen Schrifttums § 934 BGB durch die Konstruktion „gleichrangigen Nebenbesitzes" (oben Rn. 59) korrigieren, wenn der Besitzmittler die Sache vor der Veräußerung für den Eigentümer besaß: Solange danach der Besitzmittler nicht seinen Besitzwillen derart ändert, dass er ausschließlich für den Erwerber besitzen will und erkennbar seinen Besitzwillen zugunsten des wahren Eigentümers aufgibt, soll gleichrangiger Nebenbesitz bestehen, was keinen hinreichenden Anknüpfungspunkt für einen gutgläubigen Erwerb darstellen würde. Dadurch werden die Wirksamkeit des Erwerbs und der für die Gutgläubigkeit maßgebliche Zeitpunkt hinausgeschoben auf den Moment, in dem der Besitzmittler sich eindeutig für den Erwerber oder den wahren Eigentümer entscheidet. Dem hält der BGH und ein Teil der Literatur zutreffend entgegen, dass es praktisch nicht vorstellbar ist, dass ein Mensch gleichzeitig für zwei Personen besitzen will und sich vorbehält, erst später eine Entscheidung für eine der beiden zu treffen. In dem Moment, in dem der Besitzmittler erklärt, für den Erwerber besitzen zu wollen, gibt er damit den Besitzwillen zugunsten des Eigentümers auf (Urteil 61).

**181** Wenn der Veräußerer nicht mittelbarer Besitzer ist, muss der Erwerber in (mittelbaren oder unmittelbaren) Besitz der Sache gelangen, während der Veräußerer nach Abschluss des Geschäfts keine Besitzposition innehaben darf (§ 934, 2. Var. BGB). Auch hier ist Nebenbesitz denkbar, der oben genannte Meinungsstreit wäre also entsprechend aufzuwerfen.

→ Urteil 62

→ Übersicht 18

**cc) Gutgläubigkeit des Erwerbers (§ 932 Abs. 2 BGB bzw. § 366 Abs. 1 HGB).** Das Gesetz definiert in § 932 Abs. 2 BGB die „Bösgläubigkeit“, die zwischen dem in § 405 BGB für das Vertrauen auf Schuldscheine (dort schadet bereits einfache Fahrlässigkeit, unten Rn. 215) und dem in § 892 BGB geschützten Vertrauen auf das Grundbuch (wo erst Kenntnis schadet, unten Rn. 231) liegt. Grobe Fahrlässigkeit ist zwar gesetzlich nicht definiert, meint aber die Außerachtlassung dessen, was jedem im konkreten Fall hätte einleuchten müssen. Die Beweislast für die Bösgläubigkeit liegt grundsätzlich bei demjenigen, der den Eigentumserwerb angreift („es sei denn“). Maßgeblich ist die Person des Erwerbers, wobei bei Stellvertretung in der Regel auf den Vertreter abzustellen ist (§ 166 Abs. 1 BGB), wenn nicht der Vertretene Weisungen erteilt hat (§ 166 Abs. 2 BGB). In Gesellschaften und Körperschaften sind zudem die Grundsätze der Wissenszurechnung von Organen anzuwenden (analog § 166 BGB bzw. § 31 BGB). **182**

**Beispiel:** **183**
Große praktische Bedeutung hat die Feststellung grober Fahrlässigkeit beim Kauf gebrauchter PKW. Hier ist zwar die Übergabe des Kfz-Briefs nicht zur Eigentumsübertragung erforderlich. Wer sich aber auf den bloßen Besitz am Fahrzeug verlässt, ohne sich die entsprechenden Papiere vorlegen zu lassen (die den Veräußerer als Halter ausweisen), soll grob fahrlässig handeln. Etwas anderes gilt nur beim Neuwagenkauf von einer Privatperson.

Der gute Glaube muss im **Zeitpunkt** der Vollendung des Erwerbstatbestandes vorliegen, d.h. in der Regel bei der Übergabe bzw. Vornahme des Surrogats. Ausnahmsweise kann aber auch die Einigung das letzte erfüllte Tatbestandsmerkmal sein (bei § 929 S. 2 BGB oder §§ 929 S. 1, 854 Abs. 2 BGB). Bei § 934 BGB ist in der ersten Variante die Abtretung (nicht die Herausgabe) maßgeblich, im zweiten Fall hingegen die Besitzerlangung. Bei bedingter Übereignung ist nicht auf den Eintritt der Bedingung, sondern auf den Abschluss des Übertragungstatbestandes (durch Einigung und Übergabe bzw. Surrogat) abzustellen. Wenn die Einigung, aufgrund derer der Veräußerer Eigentum erlangt hat, anfechtbar war, bewirkt die Erklärung der Anfechtung, dass dieser nie Eigentümer geworden ist (§ 142 Abs. 1 BGB). Hierdurch kann auch ein Erwerb von einem Berechtigten zu einem gutgläubigen Erwerb werden. Nach § 142 Abs. 2 BGB ist dann für die Gutgläubigkeit bereits die Kenntnis der Anfechtbarkeit genügend, selbst wenn keine Kenntnis von der Erklärung der Anfechtung (§ 143 BGB) vorliegt. **184**

185 Der gute Glaube muss sich auf das **Eigentum** des Veräußerers (also nicht auf Vertretungsmacht, Verfügungsbefugnis etc.) beziehen. Etwas anderes gilt in den Fällen, in denen die §§ 932 ff. BGB nur „entsprechend" herangezogen werden, etwa in § 135 Abs. 2 BGB): Dort muss sich der gute Glaube auf das Fehlen der jeweiligen Verfügungsbeschränkung beziehen. Wenn der Veräußerer behauptet, für den wahren Eigentümer zu handeln und sich auf eine diesbezügliche vorherige Einwilligung oder nachträgliche Genehmigung beruft (§ 185 BGB), gibt es zwei problematische Konstellationen: Ist der Dritte gar nicht Eigentümer, ist entscheidend, ob der Dritte Besitz verschaffen konnte (also in der Person des Dritten die §§ 932–934 BGB erfüllt wurden). Hat der Eigentümer dem Handelnden hingegen nur keine Befugnis zu Veräußerung eingeräumt, kann ein gutgläubiger Erwerb nicht nach §§ 932 ff. BGB, sondern nur nach § 366 Abs. 1 HGB erfolgen. Dazu muss ein Handelsgeschäft des Veräußerers vorliegen, in dessen Rahmen die Sache im eigenen Namen veräußert wird. Diskutiert wird, ob § 366 HGB auch Anwendung findet, wenn der Kaufmann nicht im eigenen, sondern im fremden Namen handelt, also als Vertreter. Dafür spricht vor allem, dass im Rechtsverkehr beide Formen des Auftretens gleich behandelt werden.

→ Fall 15

186 **dd) Zurechenbarkeit: Kein Abhandenkommen (§ 935 BGB).** Nicht an jeder Sache kann gutgläubig Eigentum erworben werden, vielmehr verlangt das deutsche Recht (anders als viele andere Rechtsordnungen), dass der Verlust des Besitzes dem Eigentümer zurechenbar war. Er muss seine Sachherrschaft freiwillig aufgegeben haben (es gilt „Hand wahre Hand"). An einer einmal abhandengekommenen Sache kann nur im Wege der Ersitzung (unten Rn. 208 ff.) Eigentum erworben werden, auch wenn eine Kette gutgläubiger Erwerber zwischengeschaltet ist. Bemerkenswert ist, dass in dem Moment, in dem sich der Fremdbesitzer zum Eigenbesitzer aufschwingt (oben Rn. 46) die Sache auch bei Diebstahl nicht abhandenkommen kann – denn hier hat der Eigentümer schon zuvor seinen Einfluss verloren und ist daher nicht mehr schutzwürdig ( Urteil 63).

187 Das Gesetz versteht unter „Abhandenkommen" den Verlust des unmittelbaren Besitzes durch den Eigentümer (§ 935 Abs. 1 S. 1 BGB) oder eines für diesen besitzenden Besitzmittler (§ 935 Abs. 1 S. 2 BGB) ohne den Willen der betreffenden Person. Wie die mögliche Variante des „Verlierens" zeigt, muss nicht unbedingt im Zeitpunkt des Verlusts ein Wille tatsächlich gebildet worden sein oder gar gebrochen werden. Bedeutung erlangt dies vor allem im Fall des Er-

benbesitzes (§ 857 BGB), wo der Erbe mit dem Tod nicht nur Eigentum (§ 1922 BGB), sondern auch Besitz (§ 857 BGB, oben Rn. 34) erlangt, sodass die Veräußerung von Gegenständen ein Abhandenkommen darstellt.

Da das Abhandenkommen kein Rechtsgeschäft ist, kommt es zudem nicht auf **188**
die Geschäftsfähigkeit (§§ 104 ff. BGB) an. Auch eine Anfechtung wegen Irrtums oder Täuschung (§ 142 BGB) ist nicht möglich. Dennoch verneint die überwiegende Auffassung bei Geschäftsunfähigen den für einen freiwilligen Verlust erforderlichen natürlichen Willen und schließt so ein Abhandenkommen aus; bei beschränkt Geschäftsfähigen (§ 106 BGB) soll es demgegenüber auf die Einsichtsfähigkeit ankommen.

Während also ein Diebstahl (§ 242 StGB) nach dem klaren Gesetzeswortlaut ein **189**
Abhandenkommen begründet, fehlt dieses bei Unterschlagung (§ 246 StGB). Auch ein Besitzbetrug (§ 263 StGB) soll ein Abhandenkommen nicht ausschließen. Fraglich ist, was bei Erpressung (§ 253 StGB) gelten soll. Der BGH geht davon aus, dass nur physisch wirkender Zwang (also eine Wegnahme) Abhandenkommen begründen kann. Demgegenüber will ein Teil der Literatur bei jedem Zwang ein Abhandenkommen bejahen. Wenn ein Besitzdiener (§ 855 BGB, oben Rn. 33) eine Sache des Besitzherrn veräußert, bejaht die herrschende Meinung ein Abhandenkommen. Eine Mindermeinung will hiervon eine Ausnahme machen, wenn der Eigentümer den Rechtsschein dadurch veranlasst hat, dass er den Besitzdiener außerhalb seines Machtbereichs hat auftreten lassen.

Das Gesetz erleichtert die Verkehrsfähigkeit von Geld (wobei hier ohnehin in **190**
der Regel Eigentumserwerb durch Vermischung auftritt, unten Rn. 197) und Inhaberpapieren (§ 935 Abs. 2 BGB). Ansonsten wäre der Handel in unzumutbarer Weise beeinträchtigt, da man bei jeder Münze bzw. jedem Schein die Seriennummer prüfen müsste. Etwas schwerer zu begründen ist die Privilegierung von Sachen, die in öffentlicher Versteigerung erworben werden. Zunächst muss man sich vor Augen führen, dass damit gerade nicht der Erwerb in der Zwangsvollstreckung (§ 817 ZPO) gemeint ist – dieser erfolgt nämlich gar nicht nach §§ 929 ff. BGB, sondern kraft Hoheitsakt sui generis (sodass Gutgläubigkeit und Abhandenkommen irrelevant sind). Vielmehr geht es um private Versteigerungen im Sinne von § 383 BGB. Die Privilegierung wird insoweit durch die besondere Transparenz solcher Geschäfte und das Bedürfnis nach Rechtsfrieden gerechtfertigt.

→ Urteil 64
→ Übersicht 19

**191** **ee) Gutgläubiger lastenfreier Erwerb (§ 936 BGB).** Grundsätzlich betrifft der gutgläubige Erwerb nur Fälle, in denen der Veräußerer nicht Eigentümer ist. Bei § 936 BGB geht es demgegenüber um beschränkte dingliche Rechte, welche die bewegliche Sache belasten (unten Rn. 250 ff., 269 ff.). Dies sind der Nießbrauch (§ 1030 BGB, unten Rn. 259 ff.), das Pfandrecht (§ 1204 BGB, unten Rn. 339 ff.) und das im Gesetz nicht geregelte Anwartschaftsrecht (aus § 161 BGB, unten Rn. 252 ff.). Ob das Eigentum vom Berechtigten (also nach §§ 929–931 BGB) oder vom Nichtberechtigten (also nach §§ 932–934 BGB) erworben wurde, ist dabei ohne Belang. Wichtig sind allerdings zwei Aspekte der Regelung: Zunächst einmal erlöschen die Rechte erst mit Erlangung des Besitzes (das besagt der Verweis auf den Erwerb vom Nichtberechtigten), des Weiteren ist (in Abweichung zu § 934 BGB) ein gutgläubiger Erwerb durch Abtretung eines Herausgabeanspruchs gegen den Inhaber des dinglichen Rechts nicht hinreichend. Dies hat vor allem im Rahmen des Eigentumsvorbehalts (oben Rn. 297) Bedeutung (Urteil 65).

**192** **c) Gesetzlicher Erwerb (§§ 937–970 BGB).** Der gesetzliche Eigentumserwerb ist in Klausuraufgaben eher selten, häufiger treten allein die Fälle der Verbindung, Vermischung und Verarbeitung auf. Dennoch ist es wichtig, sich vor Augen zu führen, dass ein Eigentümer sein Recht ohne Zutun an einen Dritten verlieren kann, selbst wenn der Besitzverlust nicht seinem Willen entspricht (und insoweit über § 935 BGB hinaus, oben Rn. 186).

**193** **aa) Verbindung, Vermischung, Verarbeitung (§§ 946–950 BGB).** Werden zwei Gegenstände so miteinander verbunden, dass die ursprünglich separaten Sachen nunmehr **wesentliche Bestandteile** (§§ 93, 94 BGB, oben Rn. 22 ff.) einer neuen einheitlichen Sache werden, sind diese nicht mehr sonderrechtsfähig, d.h. an den einzelnen Teilen kann niemand mehr berechtigt sein, sondern nur noch an der Gesamtsache. Die Rechte an den vormals selbstständigen Bestandteilen erlöschen (weil es sie nicht mehr gibt, siehe § 949 S. 1 BGB) und es stellt sich die Frage, wem die neue Sache zuzuordnen ist. Die Antwort hierauf geben §§ 946, 947 BGB.

**194** Abweichende vertragliche Vereinbarungen (etwa ein Eigentumsvorbehalt, Rn. 298) sind unwirksam, es handelt sich um zwingendes Recht.

**195** • Wird eine bewegliche Sache zum **wesentlichen Bestandteil eines Grundstücks** (etwa Steine, Zement etc., die beim Bau eines Hauses eingesetzt werden, näher oben Rn. 23) bleibt der Grundstückseigentümer an seinem Grundstück und damit auch an dessen wesentlichen Bestandteilen allein berechtigt (§ 946 BGB). Auf das Wertverhältnis der beweglichen Sache gegenüber dem Grundstück kommt es nicht an. Der Einbau im Sinne von § 946 BGB ist kein Rechtsgeschäft, erfordert also insbesondere keine Geschäftsfähigkeit (§§ 104 ff. BGB) und kann nicht Gegenstand von Stellvertretung sein. Pfandrechte und Nießbrauch an der verbundenen Sache und erst recht schuldrechtliche Belastungen erlöschen mit dem Einbau (§ 949 S. 1 BGB). Auf dem Grundstück liegende Belastungen (z.B. Grundschulden) erstrecken sich hingegen auch auf die neuen Bestandteile (§ 949 S. 3 BGB).

- Wenn **mehrere bewegliche Sachen** so miteinander verbunden werden, dass **196**
sie danach wesentlicher Bestandteil einer einheitlichen Sachen sind, ist hingegen das Wertverhältnis der Ursprungssachen zueinander maßgeblich: Im Zweifel entsteht durch die Verbindung Miteigentum (§§ 1008, 7411 ff. BGB, oben Rn. 84) an der neuen Sache (§ 947 Abs. 1 BGB) nach dem Wertverhältnis der Sachen zueinander. An diesem Miteigentumsanteil setzen sich auch frühere dingliche Belastungen (Nießbrauch, Pfandrecht) fort (§ 949 S. 2 BGB). Ausnahmsweise kann aber auch eine Sache als „Hauptsache“ angesehen werden (etwa: die reparierte Vase gegenüber dem zur Reparatur verwendeten Kleber), § 947 Abs. 2 BGB. Dann wäre es unnötig komplex, eine geringe Berechtigungsquote an dieser Sache demjenigen zu gewähren, der nur ein Hilfsmittel eingebracht hat. Ein Gegenstand ist „Hauptsache“, wenn er bereits vor Hinzufügen weiterer Sachen als solcher besteht, d.h. die verbundenen Sachen haben sein Wesen nicht verändert. Bei Alleineigentum erstrecken sich vorbestehende Rechte an dem Hauptteil auch auf die hinzutretenden Sache(n), § 949 S. 3 BGB. Rechte an der hinzutretenden Sache erlöschen hingegen, soweit kein Miteigentum entsteht (§ 949 S. 1 BGB).
- Schließlich regelt § 948 BGB die **Vermischung** (von Flüssigkeiten und Ga- **197**
sen) oder Vermengung (von festen Stoffen, z.B. Münzen). Soweit eine Trennung ausgeschlossen ist oder zumindest mit unverhältnismäßigen Kosten verbunden wäre, entsteht hier wie bei § 947 BGB Miteigentum (§ 1008 BGB, Rn. 84) an dem Resultat nach dem Anteil der Quellstoffe. Bei Vermischung gleicher Stoffe entsteht bei quantitativem Übergewicht eines Stoffs Alleineigentum, bei verschiedenartigen Stoffen ist hingegen eine Beurteilung nach der Verkehrsanschauung maßgeblich, bei der insbesondere der Stoffwert zu berücksichtigen ist. Dies ähnelt der Verbindung beweglicher Sachen nach § 947 BGB (Rn. 196).

**198** Eine bewegliche Sache kann ihre Gestalt und ihren Wert auch verändern, ohne dass andere Sachen integriert werden. Die Wertsteigerung durch schlichten Arbeitsaufwand regelt das Gesetz in § 950 BGB („Verarbeitung"), der Vorrang zu §§ 947, 948 BGB hat. Entscheidend ist, ob als Resultat der Arbeit eine „neue Sache" vorliegt, die etwa einen neuen Namen („Schnitzfigur" statt „Holzstück"), eine andere Funktion („Buch" statt „Papier") oder eine Formveränderung (Tapetenzuschnitt statt Meterrolle) aufweist. Ob es sich um eine schlichte Bearbeitung oder eine Neuherstellung handelt, entscheidet die Verkehrsauffassung (eine ähnliche Problematik stellt sich im Rahmen des Werklieferungsvertrages, § 651 BGB, und bei der Prüfung von Gewährleistungsbeschränkungen nach § 309 Nr. 8 b BGB). Der Hersteller erwirbt Eigentum, soweit der Wert der neuen Sache mindestens 60 % über dem Wert aller Ausgangsstoffe liegt.

**199** § 950 BGB führt bei Lieferung von zur Weiterverarbeitung bestimmten Gegenständen zu einer Schutzlücke für den Verkäufer der Ausgangsstoffe, soweit dieser vorleistet. Zwar kann ein Eigentumsvorbehalt (unten Rn. 292 ff.) vereinbart werden; dieser kann jedoch den gesetzlichen Eigentumserwerb aufgrund der Verarbeitung (§ 950 BGB) nicht verhindern. Da es bei einem gesetzlichen Erwerb auf Gut- oder Bösgläubigkeit nicht ankommt (oben Rn. 192), zieht er so immer den Kürzeren, denn sein (vorbehaltenes) Eigentum erlischt mit dem Erwerb durch den Hersteller. Aber auch im Werklieferungsvertragsrecht gibt es Probleme: Stellt der Schreiner aus geliefertem Holz ein Möbelstück her, wird er Eigentümer und muss das Möbelstück erst übereignen. In der Zwischenzeit können aber Vermieterpfandrechte eingreifen oder sogar gerichtliche Pfändungen erfolgen.

**200** Wie §§ 946–948 BGB ist auch § 950 BGB grundsätzlich nicht abdingbar. Vielmehr ist die Herstellung ein Realakt. Allerdings ist die Herstellung nicht immer an die Person geknüpft, welche die Veränderung körperlich vornimmt. So ist der Arbeitgeber und nicht der Arbeitnehmer Hersteller. Vor diesem Hintergrund wird auch eine „verlängerte Werkbank" als möglich erachtet, bei der Dritte die Handlung als Gehilfen des eigentlichen Herstellers vornehmen (Urteil 66).

**201** Da der Herstellerbegriff durch die Verkehrsanschauung geprägt wird, soll es möglich sein, darüber Vereinbarungen zu treffen. Üblich sind so genannte „Verarbeitungsklauseln" bzw. „Herstellerklauseln", wonach der Vorbehaltskäufer für den Vorbehaltsverkäufer verarbeitet (und nicht für sich selbst). Dadurch soll das Eigentum dem vertraglich bestimmten „Hersteller" zufallen; das Anwartschaftsrecht des Vorbehaltskäufers muss dann in Bezug auf den hergestellten Gegenstand (im Wege antizipierter Einigung) neu vereinbart werden. Ganz ohne Sachbezug soll dies aber nicht möglich sein; vielmehr wird eine unmittelbare wirtschaftliche Beziehung zur Sache gefordert, die durch den Vertrag nur verstärkt wird. Eine unwirksame Herstellerklausel kann allenfalls in eine antizipierte Sicherungsübereignung (unten Rn. 316 ff.) umgedeutet werden.

Die Ergebnisse der §§ 946–950 BGB sind nicht immer gerecht – der Eigentümer einer Sache kann dadurch gegen seinen Willen das Eigentum verlieren, ebenso erlöschen Anwartschaftsrechte sowie Pfandrecht und Nießbrauch (§ 949 BGB). Die Korrektur erfolgt durch einen **Ausgleichsanspruch auf Geldzahlung (§ 951 Abs. 1 S. 1 BGB)**, der sich nach Bereicherungsrecht (nicht hingegen nach Schadensrecht) richtet. Maßgeblich ist also der durch die Nutzung der fremden Sache erzielte Vermögensvorteil, nicht hingegen der dadurch eingetretene Verlust. Die Regelung ist keine eigene Anspruchsgrundlage, sondern ein schlichter Rechtsgrundverweis auf die §§ 812 ff. BGB. Es müssen also die Voraussetzungen von § 812 BGB vollständig geprüft werden; § 951 BGB stellt nur klar, dass die §§ 946–948 BGB bezüglich des erlangten Vermögensvorteils keinen Rechtsgrund darstellen (sondern nur im Hinblick auf das erlangte Eigentum). Teilweise wird zudem der Umweg über § 951 BGB für die Leistungskondiktion abgelehnt, da hier stets der Wille des Leistenden, nicht jedoch die §§ 946 ff. entscheidend für den Rechtserwerb seien. **202**

**Hinweis:** **203**
§ 951 BGB bleibt außer Betracht, wenn Miteigentum entsteht (§§ 947, 948, oben Rn. 196 f.) sowie in den Fällen, in denen eine vertragliche Grundlage für die Bereicherung bestand.

Besondere Schwierigkeiten bereitet das Verhältnis von § 951 BGB zu den **Verwendungsersatzansprüchen** der §§ 994 ff. BGB (oben Rn. 113 ff.). Wenig aussagekräftig ist insoweit § 951 Abs. 2 BGB, wonach Vorschriften „über den Ersatz von Verwendungen“ unberührt bleiben. Der BGH wendet §§ 951, 812 BGB nicht an, soweit Verwendungen betroffen sind. Dies gilt selbst dann, wenn diese nicht unter §§ 994 ff. BGB fallen, weil sie zu einer grundlegenden Umgestaltung geführt haben (enger Verwendungsbegriff, oben Rn. 114). In diesem Fall würde also jeglicher Ersatzanspruch entfallen. Der BGH fürchtet eine Begünstigung des bösgläubigen unrechtmäßigen Besitzers gegenüber den Vorschriften der §§ 994 ff. BGB. Dieses Ergebnis wird in der Literatur teilweise dadurch abgemildert, dass auch grundlegende Umgestaltungen als unter den weiteren Voraussetzungen der §§ 994 ff. BGB ersatzfähig behandelt werden **204** (also dort ein „weiter Verwendungsbegriff" gilt, oben Rn. 114) oder umgekehrt eine Sperrwirkung der §§ 994 ff. BGB nur im Hinblick auf Verwendungen im engeren Sinne bejaht wird (also für grundlegende Veränderungen §§ 951, 812 BGB anwendbar bleiben). Nur teilweise wird eine parallele Anwendbarkeit der §§ 994 ff. BGB neben §§ 951, 812 BGB allgemein bejaht, weil der Besitz des Verwenders kein relevantes Kriterium für die Anwendbarkeit von § 951 BGB sein könne (Urteil 67).

205 Weitergehend sieht § 951 Abs. 2 S. 2 BGB ein **Wegnahmerecht** bei Eigentumsverlust durch Verbindung (§§ 946 f. BGB) vor. Dieses ist eine gewisse Ausnahme zum Ausschluss eines Anspruchs auf Wiederherstellung des ursprünglichen Zustands nach § 951 Abs. 1 S. 2 BGB. Zur Wegnahme berechtigt sind nach § 997 BGB grundsätzlich die Besitzer der Sache, wobei die Wegnahme ausgeschlossen ist bei Leistung von Wertersatz oder bei Wegnahme ohne eigenen Vorteil für den Wegnehmenden. Nach § 997 Abs. 1 S. 2 BGB findet auf dieses Wegnahmerecht § 258 BGB Anwendung, der wiederum auch einem früheren Besitzer diese Möglichkeit einräumt. Die Regelung wird in der Praxis jedoch sehr eng ausgelegt, der BGH wendet § 951 Abs. 2 S. 2 BGB nur auf Besitzer der Sache an, um zu verhindern, dass wirtschaftliche Werteinheiten zerstört werden.

→ Urteil 68
→ Fall 16
→ Übersicht 20

206 **bb) Fruchterwerb (§§ 953–957 BGB).** Erzeugnisse (Eier etc.) gelten als wesentlicher Bestandteil (oben Rn. 22) der Muttersache und können daher nicht Gegenstand eigener Rechte sein. Sonderrechtsfähig werden sie durch Trennung von der Hauptsache. Dabei ist folgende Prüfungsreihenfolge zu beachten (man prüft grundsätzlich von den speziellsten zu den allgemeinsten Begünstigten):

207

1. Zunächst fällt das Eigentum denjenigen zu, die aufgrund schuldrechtlicher Verpflichtung des Berechtigten zur Aneignung befugt waren (§ 956 BGB). Dies ist ein Sonderfall der Übereignung künftiger Sachen, die eine dingliche Einigung, mithin einen Vertrag voraussetzt.
2. Geschützt wird auch der gute Glaube an die Position desjenigen, der die Aneignung gestattet (§ 957 BGB). Es ist also möglich, von einem vermeintlichen Eigentümer oder Nießbrauchberechtigten die Befugnis zur Aneignung wirksam zum Nachteil des Eigentümers eingeräumt zu be-

kommen. Dies gilt aber nicht für Bestandteile einer abhandengekommenen Sache, über die ein Nichtberechtigter verfügt (§ 935 BGB, oben Rn. 186). Umstritten ist hingegen, ob der Ausschluss nach § 935 BGB auch für die *Früchte* (nicht: abgetrennte Bestandteile!) einer Sache gilt, die dem Berechtigten abhandengekommen ist (also z. B. das Kalb der gestohlenen Kuh). Gegen ein solches Verständnis wird die wirtschaftliche Stellung der Güter angeführt.

3. Berechtigt ist, wenn keine schuldrechtlichen Gestattungen vorliegen, ein gutgläubiger Eigenbesitzer, soweit sich der gute Glaube auch auf die Nutzungen bezog (§ 955 BGB).
4. Nur nachrangig kommen dinglich Nutzungsberechtigte (insbesondere Nießbraucher) in Betracht.
5. Schließlich greift das Eigentum als Auffangtatbestand: Der Eigentümer erhält die Nutzungen, soweit keine anderen aneignungsbefugten Personen ersichtlich sind (§ 953 BGB).

→ Fall 17

**cc) Ersitzung (§§ 937–945 BGB).** Ein Eigentumserwerb durch Ersitzung beweg- **208**
licher Sachen tritt nach § 937 BGB ein, sobald jemand eine bewegliche Sache zehn Jahre gutgläubig in der Annahme, Eigentümer zu sein, in Besitz hatte („**Ersitzung**“). Es genügt dabei mittelbarer Besitz (oben Rn. 42 ff.), soweit auch in dieser Zeit Eigenbesitz (§ 872 BGB) vorlag. Grobe Fahrlässigkeit schadet nur bei der Erlangung des Besitzes, später ist Kenntnis oder zumindest bewusstes Verschließen vor der wahren Sachlage erforderlich. Im Verhältnis eines Erbschaftsbesitzers gegenüber dem wahren Eigentümer kann ersterer sich bis zur Verjährung des Erbschaftsanspruchs (§§ 196, 200 BGB: 30 Jahre) nicht auf Ersitzung berufen; der Erbschaftsbesitzer kann in diesem Fall aber nur Übereignung der Sache verlangen, weil trotzdem Eigentum erworben wurde (§ 2026 BGB).

Für die Ersitzung fehlt eine § 951 BGB (unten Rn. 202) entsprechende Vor- **209**
schrift, aus der sich ein Ersatz des wahren Eigentümers ergibt, der durch den gesetzlichen Erwerb sein Eigentum verliert. Soweit ein (vergessener) vertraglicher Herausgabeanspruch bestand, soll dieser trotz Ersitzung durchsetzbar bleiben, er wird sogar um eine Pflicht zur Rückübertragung des Eigentums erweitert. Zudem wird überwiegend auch eine Leistungskondiktion bejaht, die freilich nach §§ 195, 199 BGB spätestens 10 Jahre nach Entstehung verjährt und damit im Zeitpunkt der Ersitzung (10 Jahre nach Begründung gutgläubigen Eigenbesitzes) der Durchsetzung des Anspruchs entgegensteht.

210 **dd) Aneignung herrenloser Sachen (§ 958 f. BGB).** Eine bewegliche Sache, die vom Eigentümer aufgegeben wurde, wird „herrenlos“ (§ 959 BGB). Die hierzu erforderliche, einseitige nicht empfangsbedürftige Willenserklärung nennt man auch „Dereliktion“. Sobald jemand an einer solchen Sache Eigenbesitz begründet, wird er Eigentümer (auch bei mittelbarem Besitz), § 958 Abs. 1 BGB. Eine Willenserklärung ist nicht erforderlich, sodass es auf Geschäftsfähigkeit nicht ankommt. Etwas anderes gilt nur in seltenen Sonderkonstellationen, in denen die Aneignung ausgeschlossen oder einer bestimmten Person zugewiesen ist (§ 958 Abs. 2 BGB), etwa bei Jagd- und Fischereirechten. In diesen Fällen bleibt die Sache trotz Besitzergreifung herrenlos, d.h. der Wilderer wird nicht Eigentümer des illegal geschossenen Rehs.

211 **ee) Fund (§§ 965–968 BGB).** Eine verlorene Sache wird nicht automatisch herrenlos (oben Rn. 210), wie schon die Regelung des § 935 BGB zeigt. Vielmehr verbleibt sie im Eigentum des Verlierenden. Soweit die Wiedererlangung für den Verlierenden noch möglich ist und ihm der Ort des Verlusts bekannt ist, bleibt er Besitzer (oben Rn. 35). Erst wenn er keine Zugriffsmöglichkeit mehr hat, verliert er den Besitz (§ 856 BGB).

212 Nur bei geringwertigen Sachen (§ 973 Abs. 2 BGB: 10 Euro) muss der Finder das Auffinden der Sache nicht anzeigen. In den übrigen Fällen muss er den Fund der „zuständigen Behörde“ melden (§ 973 Abs. 1 BGB). Danach muss er sechs Monate warten. Meldet sich der Eigentümer nicht, erlangt er nach Ablauf dieser Frist (ohne Rückwirkung) Eigentum an der Sache und an den Sachfrüchten, die nach dem Fund gezogen wurden. Der Finder darf die Sache nicht benutzen (§ 966 BGB), haftet aber auch nur für Vorsatz und grobe Fahrlässigkeit. Ergänzend finden die Regeln der Geschäftsführung ohne Auftrag (§§ 677 ff. BGB) Anwendung.

213 Zum Ausgleich der wirtschaftlichen Interessen des Verlierenden verweist § 977 BGB auf das Bereicherungsrecht. Es handelt sich wie bei § 951 BGB um eine Rechtsgrundverweisung, sodass alle Voraussetzungen der Eingriffskondiktion vorliegen müssen. Anwendbar ist auch der Grundsatz der Entreicherung (§ 818 Abs. 3 BGB).

214 Beim „Schatzfund“ (§ 984 BGB) kommt es auf die Entdeckung an. Berechtigt sind ohne Wartefrist der Entdecker und der Eigentümer der Sache, in welcher sich der Schatz befand (Wohnung, Möbelstück), je zur Hälfte. Dabei ist (anders als im Rahmen der Verarbeitung, oben Rn. 200 f.) auf den tatsächlichen Entdecker abzustellen, vertragliche Vereinbarungen sind unwirksam und die Verkehrsanschauung ohne Relevanz. Grund hierfür ist, dass gerade nicht auf den

Besitz abgestellt werden soll. Etwas anderes kann nur gelten, wenn ein Arbeitnehmer gerade für die Suche nach Schätzen eingestellt wurde. Dann wird der Auftraggeber Eigentümer (Urteile 69–71).

**d) Sonderfall: Schuldurkunden (§ 952 BGB).** Bei Schuldurkunden gilt der 215
Grundsatz „Das Recht am Papier folgt dem Recht aus dem Papier", es handelt sich also um eine schlichte Verbriefung eines von der Urkunde unabhängig bestehenden Rechts. Dementsprechend kann die Urkunde nicht separat vom Recht nach §§ 929 ff. BGB übertragen werden, sondern steht stets dem Inhaber der Forderung zu (§ 952 BGB). Die Übertragung der Forderung folgt dabei nach § 398 BGB (oder bei gesetzlichem Übergang nach §§ 398, 412 BGB). Durch die Urkunde besteht aber ein Rechtsscheintatbestand: Nach § 405 BGB ist ein gutgläubiger Erwerb (es schadet bereits einfache Fahrlässigkeit) im Hinblick auf ein Scheingeschäft (§ 117 BGB – wichtig bei Grundstückskaufverträgen unter Angabe eines zu niedrigen Preises um Notargebühren zu sparen!) und das Fehlen eines Abtretungsausschlusses möglich. Nach Tilgung der Schuld ist der Schuldschein an den Schuldner zurückzugeben (§ 371 BGB); § 952 BGB sagt zu diesem Fall nichts aus, da die Forderung durch Erfüllung erlischt und so kein Recht mehr besteht, dem das Papier folgen könnte.

**Beispiele:** 216
Urkunden im Sinne von § 952 BGB sind neben traditionellen Darlehensschuldscheinen („Ich schulde X 100 €. Unterzeichnet Y") Sparbücher, Versicherungsscheine, Wechsel, Grundschuldbriefe (unten Rn. 275), Schuldanerkenntnisse und Bürgschaftsurkunden. Praktische Bedeutung hat die Regelung zudem aufgrund ihrer analogen Heranziehung für den Kfz-Brief („Zulassungsbescheinigung Teil II"): Derjenige, dem ein Auto übereignet wurde, wird automatisch Eigentümer des Kfz-Briefs, ohne dass diesbezüglich Einigung und Übergabe erforderlich sind. Er hat aber Anspruch auf Herausgabe des Kfz-Briefs analog § 952 BGB. Nur so kann er einen gutgläubigen Erwerb wirksam verhindern (Rn. 183). Demgegenüber sind etwa Inhaberschecks oder Inhaberaktien ebenso wenig erfasst wie Theaterkarten. Insoweit gilt „Das Recht aus dem Papier folgt dem Recht am Papier", d.h. die Übertragung des Papiers erfolgt nach §§ 929 ff. BGB und das Recht geht dadurch ebenfalls über (zur Schwierigkeit bei der praktisch üblichen Sammelverwahrung oben Rn. 51).

217 **2. Eigentumserwerb an unbeweglichen Sachen (§§ 873, 925 BGB).** Bei Grundstücken folgt das Publizitätsmoment (oben Rn. 6) nicht aus dem Besitz, sondern aus dem Grundbuch (Rn. 16 ff.) als öffentlichem Register. Dementsprechend ist der Erwerbsvorgang stärker formalisiert. Dabei wird die allgemeine Regelung des § 873 BGB durch die Sonderregelung des § 925 BGB ergänzt. Eine wichtige Folge der Eigentumsübertragung ist, dass dadurch Formmängel im Verpflichtungsgeschäft geheilt werden (§ 311b Abs. 1 S. 2 BGB).

218 **Eigentumserwerb an Grundstücken**

1. Auflassung (§§ 925, 873 BGB)
2. Eintragung
3. Einigsein bei Vollendung des Erwerbs (i.d.R. bei Eintragung)
4. Verfügungsbefugnis des Veräußerers

219 Eine bemerkenswerte Folge der Übertragung des Eigentums an einem Grundstück regelt § 926 BGB: Danach geht das Eigentum an Zubehör (§ 97 BGB, oben Rn. 24), also an sonderrechtsfähigen beweglichen Sachen, grundsätzlich mit dem Grundstück über. Sogar fremdes Eigentum kann dabei gutgläubig erworben werden (§ 926 Abs. 2 BGB verweist auf die §§ 932 ff. BGB, oben Rn. 166 ff.).

220 a) **Auflassung und Eintragung.** Die dingliche Einigung beim Erwerb unbeweglicher Sachen bezeichnet das Gesetz als „**Auflassung**" (§ 925 BGB). Auch diese ist ein Vertrag im Sinne des BGB AT, der vom zugrunde liegenden Schenkungs- oder Kaufvertrag streng zu unterscheiden ist. Die obigen Ausführungen zur Einigung bei beweglichen Sachen (Rn. 140 ff.) gelten daher entsprechend. Dabei setzt sich sogar das Gewollte gegenüber dessen beurkundeter Fixierung durch („*falsa demonstratio non nocet*"). Eine Besonderheit stellt § 925 Abs. 2 BGB dar, der ausdrücklich Bedingung und Befristung dieser Einigung ausschließt; Eigentumsvorbehalt (unten Rn. 292 ff.) und Sicherungsübereignung mit dinglicher Rückfallklausel (unten Rn. 320) sind also ausgeschlossen (Urteil 72).

221 Klausurrelevant sind vor allem Fälle, in denen **Minderjährigen** durch die eigenen Eltern ein Grundstück geschenkt wird. Während hier früher eine Gesamtbetrachtung des schuldrechtlichen und des dinglichen Geschäfts erfolgte und danach einheitlich entschieden wurde, ob Schenkung und Eigentumsübertragung unwirksam sind, werden heute beide Geschäfte separat beurteilt. Nachteilig ist eine Eigentumsübertragung, wenn der Minderjährige durch den Eigentumserwerb mit seinem sonstigen Vermögen haften würde oder neue Belastungen aufnehmen müsste. Dies ist nicht der Fall bei Nießbrauch, Grundschuld, dinglichem Vorkaufsrecht, Auflassungsvormerkung zugunsten der

Eltern (für den Rücktrittsfall), Zahlung von Grundsteuer und anderen Abgaben (da diese in aller Regel aus den Grundstückserträgen gedeckt werden können) sowie das Rückforderungsrecht nach § 528 Abs. 2 BGB. Demgegenüber sollen die Schenkung von Wohnungseigentum wegen der persönlichen Haftung (§ 10 Abs. 8 S. 1 WEG) oder die Schenkung von vermieteten Gebäuden (wegen § 566 BGB und der Instandhaltungspflicht des Mieters) unwirksam sein (Urteile 73–75).

Das Gesetz verlangt nur für die schuldrechtliche Verpflichtung zur Grund- **222**
stücksübertragung notarielle Beurkundung (§ 311b BGB). Die Auflassung ist grundsätzlich nicht formbedürftig. Sie muss aber bei gleichzeitiger Anwesenheit beider Parteien vor einer zuständigen Stelle abgegeben werden (dies stellt gegenüber § 873 BGB eine Verschärfung der Anforderungen dar). Zuständig sind Notare, im Ausland auch Konsularbeamte. Die „gleichzeitige Anwesenheit" soll nur ein Auseinanderfallen der Erklärungen verhindern (siehe § 126 Abs. 2 BGB bzw. § 128 BGB, § 152 BGB), Stellvertretung und sogar nachträgliche Genehmigung nach § 177 BGB sind also zulässig. Die Erklärung der Auflassung „soll" nach § 925a BGB nur entgegengenommen werden, wenn die Urkunde über das Verpflichtungsgeschäft vorgelegt wird. In der Praxis wird auch die Auflassung beurkundet, da dies für die Grundbucheintragung ohnehin erforderlich ist (§ 29 GBO, oben Rn. 19); dies gilt entsprechend für Vollmachten bzw. Genehmigungen für Vertreter.

**Wichtig:** **223**
§ 311b Abs. 1 BGB betrifft nur die Form des schuldrechtlichen Geschäfts. Demgegenüber betrifft § 925 BGB das dingliche Geschäft nur im Hinblick auf die Eigentumsübertragung, für Belastungen (etwa mit einer Grundschuld, unten Rn. 275) verbleibt es beim Grundsatz des § 873 BGB.

Im Hinblick auf die Eintragung ist die Einhaltung des formellen Grundbuch- **224**
rechts (oben Rn. 17 ff.) ohne Belang. Sie müssen dies in der Klausur also nicht prüfen. Es ist denkbar, dass der Erwerber bereits im Grundbuch zu Unrecht als Eigentümer eingetragen ist (etwa weil ein vorheriger Übereignungsversuch fehlgeschlagen ist). Dann sind nach herrschender Auffassung nicht zuerst eine Berichtigung und danach eine Neueintragung vorzunehmen. Vielmehr genügt es (entsprechend § 929 S. 2 BGB), wenn die Auflassung formwirksam erklärt und eine Eintragungsbewilligung erteilt wird, die mit der aktuellen Eintragung deckungsgleich ist.

225 **Verfügungsbefugt** ist der (wahre) Eigentümer, Dritte können mit dessen Zustimmung über das Grundstück verfügen (§ 185 BGB). Jemand, demgegenüber zwar bereits eine Auflassung erteilt und die Eintragung bewilligt wurde, kann über das Grundstück auch vor der Eintragung verfügen; in der weitgehend verwirklichten Übereignung wird eine Einwilligung gesehen (💿 Urteil 76).

226 Dem Schutz des Erwerbers dient § 878 BGB, der auch für andere Verfügungen über das Grundstück greift. Nach Stellung des Eintragungsantrags (nicht: nach Auflassung!) eintretende relative oder absolute (!) Verfügungsbeschränkungen (etwa Insolvenz) schließen den Eigentumserwerb nicht aus. Auf Gutgläubigkeit kommt es dabei nicht an. Für Verfügungsbeschränkungen, die bereits vor Stellung des Eintragungsantrags vorlagen, greift demgegenüber nur die Möglichkeit zum gutgläubigen Erwerb nach § 892 BGB (unten Rn. 228). Demgegenüber ist für den Rang mehrerer Eintragungen untereinander die Reihenfolge der Eintragungen, nicht die Stellung der Anträge maßgeblich (für den Gleichlauf sorgt freilich im Regelfall § 17 GBO, oben Rn. 20).

227 **b) Öffentlicher Glaube des Grundbuchs (§§ 891–893 BGB).** Das Grundbuch ist der maßgebliche Rechtsscheinträger für unbewegliche Sachen, es dient also der Funktion, die der Besitz für bewegliche Sachen erfüllt (oben Rn. 168). Dabei entspricht die Vermutung des § 891 BGB derjenigen des § 1006 BGB. Demgegenüber führt die Fiktion des § 892 BGB zu einer erheblichen Erweiterung der Möglichkeiten des gutgläubigen Erwerbs. Das folgende Schema gilt entsprechend für den Erwerb anderer eintragungsfähiger Rechte, etwa einer Grundschuld (unten Rn. 279).

228 **Gutgläubiger Eigentumserwerb von Grundstücken (§§ 873, 925, 892 BGB)**

1. Auflassung
2. Eintragung
3. Einigsein
4. Schutzwürdigkeit: Verkehrsgeschäft
5. Objektives Gutglaubenselement: Unrichtige Voreintragung des Veräußerers und/oder unrichtiges Fehlen von Beschränkungen
6. Subjektiv: Keine Kenntnis des Erwerbers
7. Zurechenbarkeit: Kein Widerspruch

229 Wie bei §§ 932 ff. BGB (oben Rn. 166 ff.) ist das Erfordernis eines Verkehrsgeschäfts in aller Regel unproblematisch. Es darf kein gesetzlicher Eigentumserwerb (insbesondere im Rahmen der Zwangsvollstreckung wegen Geldforderungen) bzw. Erwerb kraft Gesamtrechtsnachfolge vorliegen und es muss

mindestens eine andere Person auf Erwerberseite als auf Veräußererseite stehen. Ein rechtsgeschäftlicher Erwerb liegt dabei nach gelegentlich zu Unrecht bestrittener Auffassung auch in einer Abtretung, durch die ein akzessorisches Recht (etwa eine Vormerkung, unten Rn. 235 ff. oder eine Hypothek, unten Rn. 326 ff.) nach § 401 BGB mit der zugrunde liegenden Forderung übertragen wird. In der Klausur sollten Sie dieses Erfordernis nur ansprechen, wenn wirklich ein diesbezügliches Problem besteht.

Der Rechtsschein des Grundbuchs umfasst in positiver Hinsicht, dass im Zeitpunkt des Vertragsschlusses und der Antragstellung alle eingetragenen Tatsachen als wahr gelten (also insbesondere die Eigentümerstellung) und in negativer Hinsicht, dass nicht eingetragene, eintragungsfähige Tatsachen nicht bestehen (also etwa eine zwischenzeitliche Verfügungsbeschränkung). Demgegenüber kann sich der Erwerber nicht auf Gutgläubigkeit im Hinblick auf nicht eintragungsfähige Tatsachen (z.B. Geschäftsfähigkeit) berufen. Aus diesem Grunde erweitert § 899a BGB den Gutglaubensschutz auf den eingetragenen Gesellschafterbestand einer BGB-Gesellschaft (oben Rn. 21), da ansonsten eine fehlerhafte Eintragung den Eigentumserwerb verhindern könnte. Erst Recht muss aus der Eintragung der Gesellschaft der Schluss zugelassen werden, dass diese wirksam gegründet wurde und zum Zeitpunkt der Eintragung (noch) existiert. Demgegenüber sind Vertretungsregelungen nicht eintragungsfähig, sodass insoweit kein Rechtsschein möglich ist. Da § 899a BGB aber nur das dingliche Geschäft erfasst, besteht die Gefahr, dass das erworbene Eigentum nach § 812 Abs. 1 S. 1, 1. Var. BGB zurückzugewähren ist, wenn nicht alle (wahren) Gesellschafter der GbR den schuldrechtlichen Vertrag genehmigen (§ 177 BGB). Wie bei beweglichen Sachen kann der Rechtsschein des Grundbuchs mit dem Rechtsschein eines Erbscheins (§ 2366 BGB, oben Rn. 167) kombiniert werden. So kann vom Scheinerben erworben werden, obwohl nicht er, sondern der auf dem Erbschein benannte Erblasser eingetragen ist (zur formellen Ebene des Grundbuchrechts siehe § 35 GBO, oben Rn. 19). § 892 BGB ist insoweit nur relevant, wenn der Erblasser (!) zu Unrecht als Eigentümer eingetragen ist, sonst erfolgt der Erwerb unmittelbar auf Grundlage von §§ 873, 925, 2366 BGB (also ohne Rückgriff auf § 892 BGB) **230**

Die Gutgläubigkeit ist im Rahmen von § 892 BGB anders definiert als in § 932 Abs. 2 BGB – es schadet nur Kenntnis, da das Grundbuch aufgrund der amtlichen Führung als verlässlicher als der bloße Besitz gilt. Es ist nicht erforderlich, dass überhaupt Einsicht in das Grundbuch genommen wurde, selbst erhebliche Zweifel oder ein billigendes Inkaufnehmen schaden nicht. Auch hier findet § 142 Abs. 2 BGB Anwendung, Kenntnis von der Anfechtbarkeit steht also **231**

Kenntnis der Nichtigkeit gleich (oben Rn. 184). Wichtig ist die Regelung des § 892 Abs. 2 BGB, wonach (ähnlich wie bei § 878 BGB, oben Rn. 226) nicht maßgeblich ist, dass die Eintragung erfolgt, sondern bereits die Antragstellung beim Grundbuchamt genügt. Denn ab diesem Zeitpunkt liegt der Rechtserwerb nicht mehr in der Hand der Parteien, sondern hängt nur noch vom Grundbuchamt ab. Dies ist nicht der Fall, wenn etwa noch eine Genehmigung erforderlich ist.

**232** Während die Zurechenbarkeit bei beweglichen Sachen bereits bei „Abhandenkommen" ausgeschlossen ist und auch im Handelsregister trotz Fehlen einer Regelung die Anwendung von § 15 Abs. 3 HGB bei fehlender Veranlassung verneint wird, muss der Berechtigte bei unbeweglichen Sachen aktiv werden und einen Widerspruch (§ 899 BGB) eintragen lassen (ähnlich § 16 Abs. 3 GmbHG im Hinblick auf den gutgläubigen Erwerb von GmbH-Geschäftsanteilen). Das formelle Grundbuchrecht verlangt grundsätzlich die Bewilligung des Eingetragenen (§ 19 GBO, oben Rn. 19), ergänzend verlangt aber § 899 Abs. 2 S. 1 BGB eine weitere (materiell-rechtliche) Bewilligung. Allerdings kann die Bewilligung durch eine einstweilige Verfügung oder ein vorläufig vollstreckbares Urteil (§ 895 ZPO) ersetzt werden. Ein Widerspruch gegen einen Widerspruch ist nicht möglich; zudem ist ein Widerspruch nur bei unrichtigem Inhalt des Grundbuchs möglich, also nicht als allgemeine Vorsichtsmaßnahme. Wichtig ist, dass die Vorverlagerung des § 892 Abs. 2 BGB (oben Rn. 231) nicht vor der zwischenzeitlichen Eintragung eines Widerspruchs schützt. Wird also nach Antragstellung aber vor der tatsächlichen Eintragung ein Widerspruch eingetragen, scheitert ein gutgläubiger Vermerk.

**233** Ein Widerspruch bewirkt keine Grundbuchsperre. Er schützt ausschließlich denjenigen, der den Widerspruch hat eintragen lassen; ist dieser ebenfalls nicht Berechtigter, hat der Widerspruch keine Folgen. Ein zu Unrecht eingetragener Widerspruch hindert weder den Erwerb vom Berechtigten (oben Rn. 217 ff.) noch steht er einem Erwerb vom Nichtberechtigten entgegen. Der Widerspruch wirkt zudem nur gegen den Eigentumserwerb und die Begründung neuer Rechte am Grundstück, verhindert aber nicht Verfügungen über bereits vom Bucheigentümer zugunsten Dritter eingetragene Rechte.

**234** Eine Erweiterung des Gutglaubensschutzes sieht § 893 BGB vor. Danach kann sich auch derjenige auf das Grundbuch berufen, der im Vertrauen auf die Eintragung eine Leistung erbringt (etwa eine Grundschuld durch Zahlung ablöst, unten Rn. 290) oder ein Rechtsgeschäft in Bezug auf ein dingliches Recht abschließt. Selbst wenn die Grundschuld zwischenzeitlich übertragen wurde, muss sich der neue Inhaber die Leistung entgegenhalten lassen; insoweit erweitert § 893 BGB die Regelung des § 407 BGB. Umstritten ist, ob die Regelung auch auf Miet- und Pachtzahlungen anzuwenden ist. Diese erfolgen nämlich nicht aufgrund des dinglichen Rechts, sondern aufgrund des vertraglichen Anspruchs (aus § 535 Abs. 2 BGB). Wegen § 566 BGB wird aber insoweit teilweise das Eigentum (und nicht die schuldrechtliche Lage) als maßgeblich erachtet. Dies ist aber inkonsequent, da es auch nach § 566 BGB nur auf den Vertrag, nicht auf das Eigentum ankommt. Daher greift § 893 BGB in diesem Fall nicht.

**c) Vormerkung (§§ 883–890 BGB).** Die Vormerkung soll den Erwerb eines **235** Rechts an einem Grundstück sichern, während durch einen Widerspruch (§ 899 BGB, oben Rn. 232) nur die Korrektur eines fehlerhaft eingetragenen Zustands gesichert werden kann. Anders als bei beweglichen Sachen (wegen § 936 Abs. 3 BGB) ist hierzu die Besitzverschaffung nämlich nicht genügend. Praxis- und Klausurrelevant ist vor allem die Auflassungsvormerkung, durch welche der Anspruch auf Eigentumserwerb gesichert wird. Jedoch können alle Ansprüche auf im Grundbuch einzutragende Rechte durch eine Vormerkung gesichert werden (etwa die Bestellung einer Grundschuld, unten Rn. 275). Möglich ist sogar eine Löschungsvormerkung (§ 1179 BGB) zugunsten der Inhaber nachrangiger Grundpfandrechte, um deren Aufrücken zu gewährleisten; die praktische Bedeutung ist allerdings durch den gesetzlichen Löschungsanspruch (§ 1179a BGB) gering (unten Rn. 290).

Die Vormerkung verhindert nicht etwa, dass der Eigentümer weiter über sein **236** Grundstück verfügt (insoweit ähnelt die Lage dem Schutz des Eigentumsvorbehaltskäufers, Rn. 298). Der eingetragene Eigentümer kann das Grundstück also mit Grundschulden (Rn. 272 ff.) oder Wohnungsrechten (Rn. 263) belasten und es sogar an Dritte übereignen. Mit Eintragung des „vorgemerkten“ Rechts werden aber alle Verfügungen, die nach Eintragung der Vormerkung getroffen wurden und das neue Recht beeinträchtigen gegenüber dem Eingetragenen unwirksam. Er erwirbt das Recht also so, als seien diese Verfügungen nicht erfolgt. Anders als im Rahmen von § 161 BGB wirkt diese Unwirksamkeit nur relativ. Eine Vormerkung entfaltet Wirkung sogar in der Insolvenz (§ 883 Abs. 2 S. 2 BGB). Nach § 106 InsO hat der durch eine Vormerkung gesicherte Gläubiger Anspruch auf Übereignung des Grundstücks unmittelbar aus der Insolvenzmasse.

Die Vormerkung wirkt so, dass gegenüber dem Vormerkungsberechtigten der **237** damals bewilligende Schuldner weiterhin als Berechtigter gilt. Um diese materielle Lage auch gegenüber dem Grundbuchamt umzusetzen gewährt § 888

BGB dem Vormerkungsberechtigten einen Anspruch gegen alle Personen, zu deren Gunsten Rechte eingetragen wurden, die ihn beeinträchtigen, auf Bewilligung der ihn betreffenden Grundbuchänderung. Obwohl dies keine Verfügungen sind, kann der Anspruch aus § 888 BGB auch gegen eine Grundbuchberichtigung (§ 894 BGB) und gegen die unberechtigte Löschung der Vormerkung herangezogen werden. Umstritten ist hingegen, ob § 883 Abs. 2 BGB auch vor einer Vermietung durch den Voreingetragenen schützt. Dies stellt keine Verfügung, sondern nur eine schuldrechtliche Verpflichtung dar, die aber auch gegenüber dem Erwerber wirkt (§ 566 BGB). Die Rechtsprechung verweist darauf, dass § 566 BGB den Eigentumserwerb als solchen gerade nicht verhindert. Demgegenüber betont die Gegenansicht in der Literatur die fehlende Möglichkeit zur wirtschaftlichen Nutzung des Grundstücks, die Kernelement des Eigentums sei (Urteil 77).

**238** Die Vormerkung ist selbst kein dingliches Recht, sondern nur die dingliche Sicherung eines schuldrechtlichen Anspruchs, deren Rechtsnatur umstritten ist. Dennoch sollen nach herrschender Auffassung der deliktische Schutz aus § 823 Abs. 1 BGB, die Unterlassungs- und Beseitigungsansprüche aus § 1004 BGB und der Grundbuchberichtigungsanspruch aus § 894 BGB entsprechend heranzuziehen sein.

**239** Jede Vormerkung ist mit genau einem schuldrechtlichen Anspruch streng akzessorisch verknüpft. Die Vormerkung kann daher nicht selbstständig übertragen werden, sie geht nur nach § 401 BGB durch Abtretung des gesicherten Anspruchs über. Ist die Abtretung ausgeschlossen (§ 399 BGB), kann auch die Vormerkung nicht übertragen werden. Erlischt der Anspruch, entfällt ohne weitere Erklärungen oder Rechtshandlungen auch die Vormerkung. Dies gilt sowohl im Fall der Erfüllung des Anspruchs (der Berechtigte einer Auflassungsvormerkung wird als Eigentümer eingetragen) als auch bei Unmöglichkeit, etc.

**240** Die Vormerkung verlangt zunächst, das ein wirksamer Anspruch in Bezug auf ein Recht an einem Grundstück begründet wird (achten Sie auf die Formvorschrift des § 311b Abs. 1 BGB!). Neben vertraglichen Ansprüchen gibt es mitunter auch gesetzliche Ansprüche auf solche Rechte (vgl. die Bauhandwerkerhypothek, § 648 Abs. 1 BGB). Nicht genügend sind demgegenüber erbrechtliche Expektanzen. Erforderlich ist zudem eine materiellrechtliche Bewilligung des Betroffenen oder eine einstweilige Verfügung (§ 885 BGB). Ein rechtskräftiges Urteil ersetzt die Bewilligung nach § 894 ZPO. Wie bei allen dinglichen Rechten muss die Eintragung im Grundbuch erfolgen (§ 883 Abs. 1 BGB). Eine Auflassungsvormerkung steht dabei wie diejenige in Bezug auf beschränkt dingliche Rechte in Abteilung 2, Vormerkungen n Bezug auf Grundpfandrechte stehen hingegen in Abteilung 3. Soweit das Gesetz auch die Sicherung künftiger und bedingter Ansprüche erlaubt, ist erforderlich, dass diese bereits hinreichend konkretisiert sind.

Gegenstand vieler Klausuren ist der gutgläubige Erwerb von Vormerkungen. **241**
Dabei ist zunächst der **Ersterwerb**, d. h. der Erwerb einer Vormerkung an einem Grundstück, das gar nicht dem bislang Eingetragenen gehörte, weitgehend unproblematisch. Insoweit ist zunächst einmal § 892 BGB nicht unmittelbar anzuwenden. Vielmehr müssen §§ 892, 893 BGB entsprechend herangezogen werden, denn die Vormerkung stellt eine „Verfügung" über das Grundstück in Form einer Belastung dar. Ist die Vormerkung erst einmal eingetragen, können die Eintragung eines späteren Widerspruchs (vor Verwirklichung des gesicherten Anspruchs) oder die später erlangte Kenntnis von der fehlenden Berechtigung den Erwerb des vorgemerkten Rechts nicht mehr verhindern. Maßgeblich für den gutgläubigen Erwerb ist also der Zeitpunkt, in dem die Vormerkung eingetragen wurde, nicht der Moment, in dem das gesicherte Recht als solches erworben wird.

Schwierig ist hingegen der **Zweiterwerb** der Vormerkung. Wie erwähnt geht die **242**
Vormerkung mit Abtretung der Forderung nach § 401 BGB auf den Erwerber über. Der Fall, dass Forderung und Vormerkung auseinanderfallen, ist also ausgeschlossen. Zwar ist der Übergang der Vormerkung grundsätzlich auch im Grundbuch zu vermerken, dies hat jedoch keine konstitutive Wirkung. Es sind folgende Konstellationen zu unterscheiden:

- Gab es keine Forderung, kann auch keine Vormerkung erworben werden. **243**
  Dies ist ein wesentlicher Unterschied zur Hypothek, wo ein „forderungsentkleideter" Erwerb zugelassen wird (§ 1138 BGB, unten Rn. 335).
- Gab es zwar eine Forderung, wurde jedoch keine wirksame Vormerkung bestellt, bejaht die herrschende Meinung die Möglichkeit eines gutgläubigen Erwerbs der eingetragenen Vormerkung aus §§ 893, 2. Var., 892 BGB. Die Gegenauffassung sieht hingegen in § 401 BGB einen Fall gesetzlichen Erwerbs und verneint daher das Vorliegen eines Verkehrsgeschäfts (oben Rn. 229) (◎ Urteil 78). **244**

**d) Buchersitzung (§§ 900 f. BGB) und Eigentumsverzicht (§ 928 BGB).** Die Parallele zur Dereliktion beweglicher Sachen (oben Rn. 210) ist der Verzicht des Eigentümers, der in §§ 928 Abs. 1, 875 Abs. 1 S. 1 BGB geregelt ist und der Eintragung in das Grundbuch bedarf. Für die Ersitzung von Grundstücken wird **245**

konsequent nicht nur an den Besitz, sondern zusätzlich an das Grundbuch angeknüpft. Nach § 900 BGB muss zum Eigentumserwerb eine Person 30 Jahre lang zu Unrecht als Eigentümer im Grundbuch eingetragen sein **und** in dieser Zeit Eigenbesitz (§ 872 BGB) innehaben. Anders als bei der Ersitzung beweglicher Sachen ist Gutgläubigkeit nicht erforderlich, es schadet nur die Eintragung eines Widerspruchs (§ 900 Abs. 1 S. 3 BGB, unten Rn. 232). Spiegelbildlich zum Entstehen von Rechten durch fehlerhafte Eintragung regelt § 901 BGB das Erlöschen von Rechten, deren Eintragung zu Unrecht gelöscht wurde.

**246** Einen besonderen Fall regelt schließlich § 927 BGB: Nach 30-jährigem Eigenbesitz kann beantragt werden (§ 439 FamFG), dass der wirkliche Eigentümer von seinem bisherigen Recht durch Beschluss ausgeschlossen wird, sofern kein Eigentümer oder ein nachweislich Nichtberechtigter eingetragen ist. Erst in einem zweiten Schritt erfolgt dann die Eintragung des Ersitzenden aufgrund eines Aneignungsrechts (§ 927 Abs. 2 BGB), zwischenzeitlich wird das Grundstück kurz herrenlos. Hypotheken, Grundschulden und andere Belastungen bleiben unberührt.

**247** **e) Grundbuchberichtigung (§ 894 BGB).** Der nicht im Grundbuch eingetragene Eigentümer eines Grundstücks kann zwar einen gutgläubigen Erwerb Dritter durch Eintragung eines Widerspruchs (oben Rn. 232) verhindern. Im Regelfall will er jedoch selbst wieder als Eigentümer eingetragen werden. § 985 BGB (oben Rn. 90) ermöglicht zwar die Räumung des Grundstücks, hat aber auf das Grundbuch keine Auswirkung. Zwar ist die fehlerhafte Eintragung eines Dritten eine Beeinträchtigung des Eigentums im Sinne von § 1004 BGB, jedoch gilt der allgemeine Beseitigungsanspruch für das streng formalisierte Grundbuchrecht als zu unpräzise. Die Lösung liefert die Spezialregelung des § 894 BGB (die aber nur die Änderung im Grundbuch betrifft; die Räumung ermöglicht ausschließlich § 985 BGB, oben Rn. 90 ff.).

**248** **Voraussetzungen einer Grundbuchberichtigung (§ 894 BGB)**

1. Anspruchsteller ist materiell Berechtigter
2. Anspruchsgegner ist formell Betroffener (Eingetragener)
3. Grundbuch ist unrichtig

**249** Die Regelung des § 894 BGB beschränkt sich darauf, einen Anspruch gegen den zu Unrecht Eingetragenen auf Erteilung der (grundbuchrechtlich nach § 19 GBO erforderlichen, oben Rn. 19) Bewilligung einzuräumen. Im Prozess bewirkt dies § 894 ZPO, wonach das Urteil die Erklärung ersetzt. Dies ist ausnahmsweise nicht erforderlich, wenn ohnehin ein der Form des § 29 GBO genügender Nachweis existiert und so eine Berichtigung von Amts wegen (§ 22 GBO) veranlasst werden kann. Auf § 894 BGB finden nicht nur §§ 987 ff. BGB (oben Rn. 98 ff.), sondern auch die Verwendungsersatzansprüche der §§ 994 ff. BGB entsprechende Anwendung. Daher kann der Eingetragene analog § 1000 BGB ein Zurückbehaltungsrecht geltend machen (oben Rn. 116).

→ Übersicht 21
→ Fall 18

# 5. Kapitel Beschränkte dingliche Rechte

Grundsätzlich würden das Eigentum (als „Vollrecht“) ergänzt durch schuldrechtliche Vereinbarungen jede Nutzung der Sache ermöglichen. Dennoch hat der Gesetzgeber bestimmte Befugnisse als so bedeutsam angesehen, dass er sie mit absoluter Wirkung (oben Rn. 7) auch gegenüber Dritten schützen will. Teilweise hat er eine solche Drittwirkung aber auch für die schuldrechtliche Verpflichtung geschaffen. **250**

**Beispiel:** **251**
Das Recht, eine Wohnung zu nutzen kann durch einen Mietvertrag gewährt werden (§ 535 BGB), also ein schuldrechtliches Geschäft. Dieses begründet ein Besitzrecht (§ 986 BGB) aber eigentlich nur gegenüber dem Vermieter und einem diesem möglicherweise übergeordneten Eigentümer (bei Untermiete). Soweit der Eigentümer aber sein Eigentum an einen Dritten überträgt, würden die Pflicht zur Gebrauchsüberlassung und das damit korrespondierende Besitzrecht den neuen Eigentümer nicht treffen, weil er nicht Vertragspartner ist. Nach § 566 BGB erfolgt insoweit aber ein automatischer Vertragsübergang, die Miete entfaltet also Drittwirkung (siehe auch § 986 Abs. 2, dazu oben Rn. 95). Statt einer bloß schuldrechtlichen Vermietung wäre es sachenrechtlich möglich, ein „Wohnungsrecht“ (§ 1093 BGB) einzuräumen oder weitergehend sogar einen Nießbrauch (§ 1030 BGB).

## I. „Anwartschaftsrechte“

Soweit das Eigentum an einer Sache übertragen werden soll, aber die Einigung bedingt ist, (etwa bei Verkauf unter Eigentumsvorbehalt, Rn. 295 ff. oder bei der seltenen Sicherungsübereignung mit dinglicher Rückfallklausel, Rn. 320) ist der Erwerber nach § 161 Abs. 1 S. 1 BGB geschützt: Verfügungen in der Zeit bis zum Eintritt der Bedingung sind ihm gegenüber relativ unwirksam. Einen ähnlichen Schutz bewirkt auch die Vormerkung, dort findet sich eine vergleichbare Formulierung in § 883 Abs. 2 S. 1 BGB, § 10 Abs. 2 SchRG, § 10 Abs. 2 **252**

LuftFzgG (dazu oben Rn. 235 ff.). Schließlich gibt es einen vergleichbaren Schutz auch für den Vorerben (§§ 2113, 2115 BGB) (Urteil 79).

**253** Über die geschilderten aus dem Gesetz unmittelbar herzuleitenden Fälle hinaus gibt es zwei Konstellationen, in denen ein Schutz angenommen wird. Zunächst soll der Hypothekar zwischen der Eintragung und Valutierung der Hypothek (Rn. 329) ein Anwartschaftsrecht haben, nämlich auf eine Eigentümergrundschuld (§ 1163 Abs. 1 S. 1 BGB). Sobald der Eintragungsantrag nach § 13 Abs. 1 S. 1 GBO gestellt ist, kann der Veräußerer eines Grundstücks die Eintragung nicht mehr verhindern (der Antrag kann nicht zurückgenommen werden und nach §§ 17, 45 GBO werden Anträge chronologisch abgearbeitet), sodass der Erwerber auch hier bereits vor Erlangung der Eintragung geschützt ist. Daher wird auch hier ein „Anwartschaftsrecht" bejaht. Nach § 873 Abs. 2 BGB ist zwar bereits die dingliche Einigung unwiderruflich, sofern sie notariell beurkundet wurde, dennoch kann der Veräußerer zu diesem Zeitpunkt den Erwerb noch verhindern: Einigt sich der Eigentümer später mit einem Dritten über die Übertragung des Eigentums und stellt für diesen zuerst den Eintragungsantrag, erlangt derjenige, demgegenüber zuerst die Auflassung erklärt wurde trotz der Unwiderruflichkeit, nie das Eigentum. Zudem würden auch Verfügungsbeschränkungen des Veräußerers, die nach Einigung aber vor Antragstellung eintreten, zu Lasten des Erwerbers wirken (§ 878 BGB). Daher hat derjenige, demgegenüber nur eine notariell beurkundete Einigung erklärt wurde, bis zum Antrag auf Eintragung noch kein Anwartschaftsrecht (Urteil 80).

**254** Wichtig:
Weitere Fallgruppen bestehen nicht – versuchen Sie also nicht, ein Anwartschaftsrecht außerhalb der geschilderten Fälle herzuleiten.

**255** Aus diesem Schutz heraus wird eine Rechtsposition hergeleitet, die man als „Anwartschaftsrecht" bezeichnet. Denn diese Position kann wegen der Unwirksamkeit von Zwischenverfügungen dem Berechtigten nicht mehr einseitig entzogen werden. Regelungen zu solchen Anwartschaftsrechten finden sich im BGB jedoch nicht. Vielmehr wird es in der Regel als „wesensgleiches Minus" zum Vollrecht behandelt, d.h. beim Eigentumsvorbehalt wie das Eigentum an beweglichen Sachen (wo es also nach §§ 929 ff. BGB übertragen wird, oben Rn. 138 ff.). Dabei ist nach der Rechtsprechung eine Auslegung der auf die Eigentumsübertragung gerichteten Willenserklärungen (§§ 133, 157 BGB) bei unwirksamer Übereignung als Verschaffung des Anwartschaftsrechts oder nach der Gegenauffassung in der Literatur deren Umdeutung möglich (§ 140 BGB). Ein Ausschluss der Übertragung des Anwartschaftsrechts ist unwirksam (§ 137 S. 1 BGB). Möglich ist damit insbesondere auch ein gutgläubiger (Erst-)Erwerb nach § 932 BGB, etwa wenn jemand ein geliehenes Buch unter Eigentumsvorbehalt (statt unbedingt) verkauft und die dingliche Einigung unter den Vorbehalt vollständiger Kaufpreiszahlung stellt. Schwieriger stellt sich hingegen der Zweiterwerb dar: Wenn es überhaupt kein Anwartschaftsrecht gibt, kann auch nichts übertragen werden – mangels objektivem Anknüpfungspunkt scheidet ein gutgläubiger Erwerb aus. Gibt es zwar ein Anwartschaftsrecht, steht dieses aber einem Dritten zu, soll ein gutgläubiger Erwerb nach denselben Regelungen wie beim Eigentum bzw. sonstigen Vollrecht (Grundschuld etc.) möglich sein. Soweit also der Verfügende die Sache übergibt, kann er dem Erwerber ein Anwartschaftsrecht auch dann verschaffen, wenn er sich die Sache nur vom Vorbehaltskäufer geliehen hat. Im Normalfall wird hierbei aber nicht nur das Anwartschaftsrecht gutgläubig übertragen, sondern sogar das Vollrecht. Für die Gutgläubigkeit ist in diesen Fällen stets die Übergabe, nicht der Bedingungseintritt maßgeblich. Die Auflassungsanwartschaft wird demgegenüber nach § 925 BGB übertragen; für die schuldrechtliche Verpflichtung hierzu greift § 311b Abs. 1 S. 1 BGB.

→ Urteil 80
→ Fall 19
→ Übersicht 22

Die Annäherung an das Volleigentum äußert sich insbesondere beim Schutz: 256
Insoweit wird das Anwartschaftsrecht als absolut geschütztes Rechtsgut im Sinne von § 823 Abs. 1 BGB eingeordnet und soll sogar Ansprüche analog §§ 985, 987 ff., 1004 BGB (oben Rn. 90 ff.) auslösen können. Eine Gegenauffassung nimmt hingegen nur eine (konkludente) Ermächtigung des Anwartschaftsberechtigten zu deren Ausübung an (§ 185 BGB); ein Handeln gegen den Willen des Eigentümers scheidet daher aus. Die Übertragung des Anwartschaftsrechts bewirkt keinen Übergang der schuldrechtlichen Rechte und Pflichten. Eine nachträgliche Veränderung der vertraglichen Bedingungen kann gegenüber einem solchen Dritterwerber daher auch keine Wirkung entfalten, sondern nur schuldrechtlich zwischen den ursprünglichen Vertragsparteien. Allerdings hat die Übertragung zur Folge, dass das Vollrecht (also das Eigentum oder das beschränkt dingliche Recht) unmittelbar beim Erwerber entsteht, ein Durchgangserwerb findet nicht statt. Dies verhindert einen Zugriff in Zwangsvollstreckung oder Insolvenz. Eine wichtige Ausnahme gilt für

die Auflassungsanwartschaft: Dort gibts es keine Haftung für eine bloß fahrlässige Verletzung, da § 892 BGB nur auf Kenntnis abstellt (Urteile 81, 82).

**257** Praktische Bedeutung erlangt das Anwartschaftsrecht dadurch, dass es seinerseits belastet werden kann. So kann etwa Vorbehaltseigentum Gegenstand eines (Sach-)Pfandrechts analog §§ 1204 ff. BGB sein (Rn. 339 ff.), als Sicherungseigentum übertragen werden (§ 930 BGB analog) oder seinerseits unter Vorbehalt weiterveräußert werden (§§ 929 S. 1, 158 Abs. 1 BGB). Zudem fällt das Anwartschaftsrecht in den Haftungsverband der Hypothek bzw. Grundschuld (§§ 1120 ff., oben Rn. 281) und kann durch ein Vermieterpfandrecht belastet sein (§ 562 BGB). Diese Sicherungsrechte setzen sich am Vollrecht fort, soweit dieses auf den Anwartschaftsberechtigten übergeht.

**258** Das Anwartschaftsrecht erlischt, sobald der Berechtigte dies mit dem Inhaber des Vollrechts vereinbart. Bei beweglichen Sachen kommt zudem ein gutgläubiger lastenfreier Erwerb in Betracht (§ 161 Abs. 3 BGB i.V.m. § 936 BGB). Dabei ist aber § 936 Abs. 3 BGB zu beachten: Solange der Anwartschaftsberechtigte die Sache in Besitz hat, kann er sein Recht auch nicht verlieren – d.h. der Eigentümer kann den Eigentumsvorbehalt nicht dadurch zunichtemachen, dass er die Sache ohne Erwähnung des bereits erfolgten Vorbehaltsverkaufs an einen Dritten nach § 931 BGB übereignet (Rn. 191). Etwas anderes gilt nur, wenn der Anwartschaftsberechtigte seinerseits die Sache ohne Erwähnung seines Besitzrechts an den neuen Eigentümer herausgibt (§ 934, 2. Var. BGB).

→ Fall 20

→ Übersicht 23

## II. Nießbrauch an beweglichen Sachen und Grundstücken (§§ 1030–1067 BGB)

**259** Der Nießbrauch ist die dinglich wirkende ausschließliche Nutzungseinräumung zugunsten eines Dritten (Nießbrauchers), die vom Eigentum abgespalten wird. Ein Nießbrauch kann sowohl an beweglichen Sachen als auch an unbeweglichen Sachen bestellt werden (der ebenfalls mögliche Nießbrauch an Rechten, einem Vermögen oder einer Erbschaft bleibt im Folgenden ausgeklammert). Der Nießbraucher darf die belastete Sache besitzen und deren Erzeugnisse nutzen bzw. an diesen Eigentum erwerben (§ 954 BGB, oben

Rn. 207). Er steht also einem Pächter nahe. Der Nießbraucher kann jedoch gegenüber jedem Dritten (absolute Wirkung!) seine Position wie ein Eigentümer verteidigen (§§ 1065 i. V. m. §§ 985 ff., 1004, 823 Abs. 1 BGB).

Zur **Bestellung** eines Nießbrauchs ist zunächst eine Einigung erforderlich, **260** wobei für unbewegliche Sachen die allgemeine Regelung des § 873 BGB anzuwenden ist (oben Rn. 222), während für bewegliche Sachen § 1032 BGB gilt. Die Publizität wird bei Grundstücken durch Grundbucheintragung, bei beweglichen Sachen hingegen durch Übergabe bzw. Übergabesurrogat bewirkt. Wie bei der Übertragung von Eigentum muss im Zeitpunkt der letzten Handlung noch ein Einigsein bestehen und eine entsprechende Verfügungsbefugnis vorliegen. Für den gutgläubigen Erwerb gelten nach § 1032 S. 2 BGB die §§ 932 ff. BGB (oben Rn. 166 ff.) entsprechend, für unbewegliche Sachen gelten §§ 892, 893 BGB (Rn. 227 ff.). Der Nießbrauch an einem Grundstück erfasst wie die Eigentumsübertragung auch dessen Zubehör (§ 1031 BGB i. V. m. § 926 BGB, oben Rn. 219). Bei Grundstücken ist schließlich auch ein „Eigentümernießbrauch“ denkbar, soweit hieran ein berechtigtes Interesse besteht. Ein Nießbrauch kann nicht übertragen werden, allerdings darf der Nießbraucher seinerseits Dritten die Ausübung des Nießbrauchs gestatten (§ 1059 BGB).

## III. Grunddienstbarkeiten (§§ 1018–1029 BGB) und beschränkte persönliche Dienstbarkeiten an Grundstücken, insbesondere Wohnrechte (§§ 1090–1093)

Eine Dienstbarkeit räumt dem Berechtigten anders als ein Nießbrauch keine **261** umfassende, sondern nur eine auf bestimmte Aspekte beschränkte Nutzungsmöglichkeit ein. Bei „Grunddienstbarkeiten“ (§ 1018 BGB) erfolgt dies zugunsten eines anderen Grundstücks (und geht automatisch auf den jeweiligen Eigentümer über), bei „persönlichen Dienstbarkeiten“ (§ 1090 BGB) zugunsten einer natürlichen oder juristischen Person bzw. einer Personengesellschaft (und in der Regel nicht übertragbar oder vererblich). Die jeweiligen Befugnisse können gegenüber jedermann, insbesondere auch gegenüber dem Eigentümer geltend gemacht werden; bei Verletzung bestehen Unterlassungsansprüche (§ 1004 BGB) sowie Schadensersatzansprüche aus §§ 280 Abs. 1, Abs. 3, 281 BGB.

**262** Eine beschränkte persönliche Dienstbarkeit (§ 1090 BGB) schränkt die Nutzung zugunsten einer bestimmten natürlichen oder juristischen Person bzw. Personengesellschaft ein. Dabei ist eine Verpflichtung des Eigentümers zu einem aktiven Tun ausgeschlossen, möglich sind nur Pflichten zur Duldung oder Unterlassung. Üblich ist etwa die zugunsten einer Brauerei eingetragene Pflicht, überhaupt kein Bier auf einem Grundstück zu veräußern, von der dann aber nur bei Verkauf von Bier der Konkurrenz Gebrauch gemacht wird. Dies wird mitunter als Scheingeschäft oder verbotene Umgehung qualifiziert, ist nach der Rechtsprechung jedoch zulässig ( Urteil 81).

**263** Besondere Bedeutung hat das „**Wohnungsrecht**", das im BGB als besondere persönliche Dienstbarkeit ausgestaltet wurde (§ 1093 BGB). Es wirkt dabei unabhängig von einem etwaigen Mietvertrag (§ 535 BGB). Dabei erhält eine Person das Recht zur Benutzung eines Gebäudes bzw. Gebäudeteils unter Ausschluss des Eigentümers. Während ein Entgelt für die Nutzung allenfalls aufgrund schuldrechtlicher Vereinbarung gefordert werden kann, trifft den Wohnungsberechtigten immerhin die Pflicht zur Bezahlung der gewöhnlichen Unterhaltungskosten (§ 1041 BGB). In der Praxis ist diese Gestaltung überwiegend durch das Dauerwohnrecht nach § 31 Abs. 1 WEG verdrängt worden

**264** **Grunddienstbarkeiten** (§§ 1018, 1019 BGB) verpflichten zu einem Dulden oder Unterlassen zugunsten eines fremden Grundstücks, dessen Eigentümer mittelbar begünstigt wird. Ausgeschlossen ist wie bei persönlichen Dienstbarkeiten (Rn. 262) eine Verpflichtung zu einem aktiven Tun. Möglich ist es aber, alle Nutzungsmöglichkeiten bis auf eine auszuschließen und so mittelbar ein aktives Tun zu erzwingen. Praktisch relevant sind Dienstbarkeiten vor allem zur Sicherung von Wege- und Leitungsrechten. Die Grunddienstbarkeit ist wesentlicher Bestandteil (§ 96 BGB) des herrschenden Grundstücks, zu dessen Gunsten sie bestellt wurde und kann daher nicht selbstständig übertragen oder belastet werden.

**265** Ähnlich wie bei den Grundpfandrechten soll es möglich sein, dass der Eigentümer eine Dienstbarkeit zu seinen eigenen Gunsten bestellt. Insoweit genügt mangels Beteiligung eines Dritten eine einseitige Erklärung gegenüber dem Grundbuchamt (§ 19 GBO). Praktisch bedeutsam ist dies immer dann, wenn eine Übereignung des Grundstücks beabsichtigt ist.

## IV. Dingliches Vorkaufsrecht an Grundstücken (§§ 1094–1104 BGB)

Ein „Vorkaufsrecht“ ist die Befugnis einer Person, durch einseitige empfangsbedürftige Willenserklärung an Stelle des eigentlichen Käufers einen Kaufvertrag mit einem Verkäufer zu Bedingungen abzuschließen, die zwischen diesem und dem Käufer ausgehandelt wurden. Das BGB regelt ein solches Recht im **Schuldrecht (§§ 463 ff. BGB)** für alle Kaufverträgen zugängliche Gegenstände, also bewegliche und unbewegliche Sachen ebenso wie Rechte und „sonstige Gegenstände“ (§ 453 BGB). Das dingliche Vorkaufsrecht (§§ 1094 ff. BGB) erfasst demgegenüber nur Grundstücke sowie Erbbaurechte und Wohnungseigentum (§ 6 Abs. 2 WEG), verweist aber ausdrücklich auch auf die Normen des zweiten Buchs (§ 1094 Abs. 1 S. 1 BGB). Der wesentliche Vorteil ist, dass das dingliche Vorkaufsrecht gegenüber Dritten wie eine Vormerkung wirkt (§§ 1098 Abs. 2, 883 Abs. 2 BGB) und für beliebig viele oder sogar alle Kaufverträge bestellt werden kann (§ 1097 BGB). Während vertragliche Vorkaufsrechte keine große praktische Relevanz haben, gilt dies nicht für die gesetzlichen Vorkaufsrechte des Mieters (§ 577 BGB) oder von Miterben (§ 2034 BGB). Zudem haben die Gemeinden ein Vorkaufsrecht nach § 24 BauGB. **266**

Wie alle Rechte an Grundstücken **entsteht** auch das dingliche Vorkaufsrecht gemäß § 873 BGB durch Einigung und Eintragung. Den Inhalt der Einigung gibt § 1094 Abs. 1 BGB vor. Ein Vorkaufsrecht kann zugunsten einer bestimmten Person (§ 1094 Abs. 1 BGB) oder zugunsten des jeweiligen Eigentümers eines anderen Grundstücks bestellt werden (§ 1094 Abs. 2 BGB); eine Vermischung der beiden Kriterien ist allerdings unzulässig (§ 1103 BGB). **267**

Das Vorkaufsrecht **wirkt** einerseits schuldrechtlich, d.h. der Vorkaufsberechtigte kann Übereignung und Übergabe des Grundstücks aus §§ 433 Abs. 1 S. 1, 464 Abs. 2 i.V.m. §§ 1094, 1098 Abs. 1 BGB verlangen. Voraussetzung ist allerdings ein Kaufvertrag mit einem Dritten; eine Schenkung genügt nicht. Für die Ausübung des Vorkaufsrechts gilt eine Frist von zwei Monaten nach Mitteilung des Vorkaufsfalls (§ 469 Abs. 2 BGB). Die dingliche Wirkung betrifft vor allem den Fall, dass eine Übereignung entgegen dem Vorkaufsrecht erfolgt; insoweit wirkt das Vorkaufsrecht wie eine Vormerkung: Dann kann der Vorkaufsberechtigte Zustimmung zur Grundbuchänderung verlangen (§§ 1098 Abs. 2, 888 BGB); im Übrigen sind Zwischenverfügungen ihm gegenüber unwirksam (§ 1098 Abs. 2, § 883 Abs. 2 BGB). Die herrschende Meinung gewährt ihm zudem bei Eintritt des Vorkaufsfalls bereits vor der Eintragung die Rechte aus §§ 985, 987 ff. BGB (oben Rn. 90 ff.). **268**

# 6. Kapitel **Sicherungsrechte**

Eine große Bedeutung haben Sachen als Sicherungsmittel für Geldschulden. Ausgangspunkt ist dabei, dass in der Zwangsvollstreckung das Prioritätsprinzip gilt (§ 11 Abs. 2 ZVG, § 804 Abs. 3 ZPO) und in der Insolvenz die Gleichbehandlung der Gläubiger (*par conditio creditorum*) vorgeschrieben ist (§ 87 InsO). Durch Einräumung dinglicher Sicherheiten werden etwaige Vermögenswerte eines Schuldners demgegenüber unabhängig vom Zeitpunkt der Vollstreckungshandlung und sogar in der Insolvenz vorrangig zugunsten eines bestimmten Gläubigers vor allen anderen verwertet. So kann derjenige, für den ein Pfandrecht bestellt ist, nach § 805 ZPO auf den Veräußerungserlös aus einer öffentlichen Versteigerung (§ 814 ZPO) zugreifen, bevor der die Zwangsvollstreckung betreibende Inhaber eines Titels hieraus befriedigt wird. Der Inhaber eines Anwartschaftsrechts kann sogar nach § 771 ZPO die Verwertung des betreffenden Eigentums durch Drittwiderspruchsklage verhindern. In der Insolvenz bestehen entweder Aussonderungsrechte (aufgrund derer die Sache insgesamt herauszugeben ist, § 47 InsO) oder zumindest ein Recht auf abgesonderte Befriedigung (§ 50 InsO), das es erlaubt, vorrangig vor den anderen Insolvenzgläubigern an der Verwertung eines bestimmten Gegenstands zu partizipieren. **269**

Man unterscheidet „akzessorische", d.h. von Bestand und Höhe einer schuldrechtlichen Verbindlichkeit abhängige, und „nicht akzessorische", d.h. von schuldrechtlichen Verpflichtungen losgelöste (abstrakte), Sicherheiten: **270**

| | **Akzessorisch** | **Nicht akzessorisch** | **Zwangsvollstreckung** | **Kraft Gesetzes** |
|---|---|---|---|---|
| **Immobilien** | Hypothek | Grundschuld | Zwangshypothek | z. B. Anspruch (!) auf Sicherungshypothek |
| **Bew. Sachen** | Pfandrecht | Sicherungsübereignung | PfändungsPfR | z. B. WerkunternehmerPfR, VermieterPfR |
| **Rechte** | Pfandrecht | Sicherungsabtretung | Pfändungs- und Überweisungsbeschluss | |
| **Weitere Personen** | Bürgschaft | Garantie | | |

## I. Nicht akzessorische Sicherheiten

**271** Während das Gesetz die „akzessorischen" Sicherheiten in den Vordergrund stellt, überwiegen in der Vertragspraxis die nicht akzessorischen Sicherheiten. Im Hinblick auf bewegliche Sachen ist der Grund vor allem die strenge Betonung des Publizitätsprinzips beim vertraglichen Pfandrecht (unten Rn. 344 ff.): Nach der Verpfändung darf der Besitz nicht mehr beim Eigentümer liegen, da sonst das Pfandrecht erlischt (§ 1256 Abs. 1 S. 1 BGB, sog. „Konsolidation"). Für alle Sicherheiten tritt hinzu, dass im Rahmen einer Geschäftsbeziehung oft die zu sichernde Forderung ausgewechselt werden muss oder sogar für Übergangszeiträume gar keine Forderung besteht. Schließlich besteht auch ein Interesse daran, trotz potentiell unwirksamer Forderung jedenfalls einmal eine wirksame Sicherheit zu erlangen, deren Rang (oben Rn. 20) trotz neuer Forderung erhalten bleibt.

**272** **1. Grundschuld, insb. Sicherungsgrundschuld, und Rentenschuld (§§ 1191–1203 BGB).** Das BGB kennt drei verschiedene Möglichkeiten, ein Grundstück zur Sicherung einer Forderung zu belasten: Die (akzessorische) Hypothek, die (nicht akzessorische) Grundschuld und die auf wiederholte Zahlungen gerichtete Rentenschuld (die letztlich ein Sonderfall der Grundschuld ist). Der Eigentümer des so belasteten Grundstücks ist allerdings nicht zur Zahlung eines Geldbetrags verpflichtet – er muss vielmehr nur die Zwangsvollstreckung in das Grundstück dulden (§ 1147 BGB). Dies meint entweder die Zwangsversteigerung (mit der Folge, dass er sein Eigentum verliert und nur einen die auf dem Grundstück lastenden Grundpfandrechte übersteigenden Restbetrag in Geld ausgezahlt bekommt) oder die Zwangsverwaltung (mit der Folge, dass er die Erlöse aus der Verwertung des Grundstücks abführen muss). Durch Vertragsgestaltung gibt es zudem die „Sicherungsgrundschuld", die in gewissem Umfang mit einer schuldrechtlichen Forderung verknüpft ist, ohne jedoch zu dieser (streng) akzessorisch zu sein.

**273** Diese Belastungen haben insbesondere bei Zwangsvollstreckung und Insolvenz Vorteile: Grundsätzlich kann nämlich ein Anspruch auf Geldzahlung auch ohne vorherige Hypothek oder Grundschuld durch Verwertung des Grundstücks vollstreckt werden (§ 864 ff. ZPO) und der Insolvenzverwalter darf Grundstücke verwerten, um so die Masse anzureichern (§ 75 Abs. 1 InsO). In beiden Fällen sind aus dem erzielten Erlös aber vorrangig die Inhaber von Grundpfandrechten zu befriedigen (§ 10 Abs. 1 Nr. 4, 5 ZVG, § 49 InsO) und zwar in der Reihenfolge ihres Ranges (d.h. in der Reihenfolge ihrer Eintragung, oben Rn. 20). Andere Gläubiger müssen sich auf den verbleibenden Restbetrag verweisen lassen.

Das Gesetz stellt die akzessorische Hypothek als Grundform in den Vordergrund (§§ 1113 ff. BGB) und stellt erst in der Folge die Besonderheiten dar, die aus der bei einer Grundschuld fehlenden Akzessorietät folgen (§§ 1191 ff. BGB). Dieser Aufbau entspricht jedoch nicht der Rechtspraxis, die kaum Hypotheken kennt und auch nicht der Sachlogik, da die Hypothek eigentlich zusätzliche Voraussetzungen gegenüber der Grundschuld voraussetzt. Aus diesem Grunde wird im Folgenden zuerst die Grundschuld und erst im Anschluss die Hypothek behandelt (Rn. 326 ff.). Die Rentenschuld (§§ 1199 ff. BGB) hat so gut wie keine Relevanz. **274**

**a) Bestellung (§ 1192 BGB i.V.m. § 1116 BGB).** Eine Grundschuld kann als „Briefgrundschuld" (§ 1116 Abs. 1 BGB) oder als „Buchgrundschuld" (§ 1116 Abs. 2 BGB) bestellt werden. Im ersteren Fall (der im Gesetz als Regel angenommen wird) muss ein „Grundschuldbrief" ausgestellt werden, der als Wertpapier (§ 952 Abs. 2 BGB) eine Übertragung des Rechts ohne Bezug auf das Grundbuch ermöglicht. Es handelt sich aber nicht um ein Inhaberpapier – vielmehr ist Eigentümer des Grundschuldbriefs unabhängig von §§ 929 ff. BGB stets der Gläubiger der Grundschuld (§ 952 Abs. 1 BGB). In der Praxis ist demgegenüber der Ausschluss der Brieferteilung, mithin die „Buchgrundschuld" der Regelfall. **275**

**Erwerb einer Grundschuld vom Grundstückseigentümer** **276**

1. Entweder
   a) Dingliche Einigung (über Grundschuldbestellung), § 873 BGB oder
   b) Erklärung des Eigentümers über Eintragung einer Eigentümergrundschuld (§ 1196 Abs. 2 BGB)
2. Eintragung in das Grundbuch (§ 1115 Abs. 1 BGB)
3. Entweder
   a) Übergabe eines Grundschuldbriefs bzw. Surrogat (§ 1117 BGB) bei Briefgrundschuld oder
   b) Eintragung, dass Brieferteilung ausgeschlossen sein soll bei Buchgrundschuld (§ 1116 BGB)
4. Einigsein im Zeitpunkt der Übergabe des Briefs bei Briefgrundschuld oder im Zeitpunkt der Eintragung bei Buchgrundschuld (entbehrlich bei Eigentümergrundschuld)

5. Entweder
   a) Berechtigung des Grundschuldbestellers oder
   b) Voreintragung des Grundschuldbestellers, fehlende Eintragung eines Widerspruchs und fehlende Kenntnis des Erwerbers (§ 892 Abs. 1 BGB, oben Rn. 227 ff.)

**277** Eine eingetragene Grundschuld ist Eigentümergrundschuld (§ 1163 BGB, unten Rn. 330) bis entweder dem Gläubiger der Grundschuldbrief übergeben wurde bzw. eines der Surrogate der §§ 929 S. 2, 930, 931 BGB eingehalten wurde (§ 1117 Abs. 1 S. 1, 2 BGB, oben Rn. 149 ff.), eine Vereinbarung getroffen wird, dass der Brief vom Grundbuchamt auszuhändigen sei (§ 1117 Abs. 2 BGB) oder aber eine Buchgrundschuld vereinbart wurde (1116 Abs. 2 BGB) und der Gläubiger eingetragen wird.

**278** **b) Übertragung (§§ 1192, 1154 BGB).** Die Übertragung einer Grundschuld erfolgt mangels Spezialregelung in den §§ 1192 ff. BGB durch schlichte Abtretung nach §§ 398, 413 BGB. Daher kann die Übertragbarkeit auch nach § 399 BGB mit absoluter Wirkung ausgeschlossen werden. Erforderlich ist aber darüber hinaus ein Publizitätsmoment. Dieses wird zunächst durch eine besondere Form der Abtretung gewährleistet: Diese muss nach §§ 1192 Abs. 1, 1154 Abs. 1 S. 1 BGB schriftlich erfolgen, wobei die Annahme des Erwerbers nicht formbedürftig ist. Auf Wunsch kann Beglaubigung verlangt werden (§ 1154 Abs. 1 S. 2 BGB), dies kann später bei Zweifeln an der Identität des Veräußerers relevant werden. Bei der Briefgrundschuld muss zudem die Übergabe des Grundschuldbriefs erfolgen (§§ 1192 Abs. 1, 1154 Abs. 1 BGB). Bei der Buchgrundschuld ist demgegenüber eine Eintragung im Grundbuch erforderlich (§§ 1192 Abs. 1, 1154 Abs. 3 BGB). Soweit die Grundschuld (wie regelmäßig) der Sicherung einer Forderung dient, führt die isolierte Abtretung der Grundschuld dazu, dass Inhaber der Forderung und Inhaber der Grundschuld auseinanderfallen.

**279** Das Gesetz ermöglicht den gutgläubigen Erwerb einer Grundschuld, soweit der Veräußerer als Inhaber im Grundbuch eingetragen ist (§§ 1192 Abs. 1, 1154, 892 BGB). Dies gilt sowohl dann, wenn eigentlich (etwa wegen Mängeln der dinglichen Einigung) überhaupt keine Grundschuld besteht als auch für den Fall, dass diese eigentlich zugunsten einer anderen Person als für den Veräußerer existiert.

→ Übersicht 24
→ Fall 21

**c) Verwertung (§§ 1192, 1147 BGB).** Die Grundschuld gewährt (ebenso wie die 280
Hypothek) keinen Anspruch auf Zahlung, sondern berechtigt nur zur Befriedigung aus dem Grundstück, indem der Eigentümer zur Duldung der Zwangsvollstreckung verpflichtet wird (§ 1147 BGB). Um diesen Anspruch durchzusetzen, benötigt der Inhaber der Grundschuld allerdings einen gerichtlichen Titel, der entweder in einer vollstreckbaren (notariellen) Urkunde liegen kann (§ 794 Abs. 1 Nr. 5 ZPO) oder aber in einem gerichtlichen Urteil (aufgrund der Eintragung im Grundbuch). Zur Erleichterung der Prozessführung gilt nach § 1148 BGB die Vermutung, dass der im Grundbuch Eingetragene auch materiell Eigentümer ist. Die Vollstreckung selbst folgt dabei den Regeln des ZVG.

Zum Grundstück gehören dabei selbstverständlich dessen wesentliche Be- 281
standteile (§§ 93, 94 BGB), also insbesondere darauf befindliche Gebäude. Das Gesetz erweitert den „**Haftungsverband**" jedoch darüber hinaus auf eigentlich vom Grundstück unabhängige bewegliche Sachen. Dies sind zunächst die Erzeugnisse und Früchte sowie unwesentliche Bestandteile, soweit diese nicht nach §§ 954 ff. BGB in das Eigentum eines Dritten gelangt sind (§ 1120, 1. Hs. BGB). Besonders klausurrelevant ist allerdings die Regelung des § 1120, 2. Hs. BGB, wonach die Grundschuld auch das Zubehör (§ 97 BGB, oben Rn. 24) mit umfasst, soweit es im Eigentum des Grundstückseigentümer steht (oder dieser zumindest ein Anwartschaftsrecht als wesensgleiches Minus daran hat, Rn. 252 ff.). Sinn dieser Regelungen ist, dass man das Grundstück als „wirtschaftliche Einheit" verwerten will und nicht künstlich Werte zerschlagen muss.

→ Urteile 82–84
→ Übersicht 25

Nur weil bewegliche Sachen in den Haftungsverband fallen, bedeutet dies aber 282
nicht, dass der Grundstückseigentümer nicht frei darüber verfügen kann. Ein relatives Veräußerungsverbot (§ 136 BGB) zugunsten des Grundschuldinhabers trifft den Eigentümer des Grundstücks vielmehr erst mit Anordnung der Zwangsversteigerung („Beschlagnahme", § 20 Abs. 1 ZVG) oder Einleitung der Zwangsverwaltung (§ 146 Abs. 1 ZVG). Während die Zwangsvollstreckung durch Gläubiger des Eigentümers gegen dessen Willen in Zubehör eines Grundstücks generell ausgeschlossen ist (§ 865 Abs. 2 S. 1 ZPO), sind unwesentliche Bestandteile, Früchte oder Versicherungen wie bei Verfügungen erst ab Beschlagnahme vor dem Zugriff anderer Gläubiger geschützt (§ 865 Abs. 2 S. 1 ZPO). Soweit ein Gegenstand vor diesem Zeitpunkt veräußert und (nicht nur vorübergehend) vom Grundstück entfernt wurde, tritt „**Enthaftung**" ein

(§ 1121 BGB), d.h. die jeweilige bewegliche Sache darf nicht mit verwertet werden. Zudem entfällt die Verwertungsbefugnis für solche Sachen, die innerhalb der Grenzen ordnungsgemäßer Wirtschaft vom Grundstück entfernt wurden (§ 1122 BGB). Soweit das Gesetz bestimmt, dass auch Miet- und Pachtzinsforderungen von der Grundschuld erfasst sind (§§ 1123 f. BGB), hat dies nur für die (praktisch seltene) Zwangsverwaltung Bedeutung (§ 148 ZVG), nicht hingegen bei der Zwangsversteigerung (§ 21 Abs. 2 ZVG).

**283** Allerdings ermöglicht § 135 Abs. 2 BGB (auf den § 136 BGB verweist) auch einen gutgläubigen Erwerb beweglicher Sachen entgegen des Veräußerungsverbots nach den Regeln der §§ 932 ff. BGB (oben Rn. 166 ff.). Erforderlich hierfür ist allerdings, dass keine Kenntnis im Hinblick auf das Veräußerungsverbot vorliegt. Genau diese Kenntnis wird aber ab Eintragung des Versteigerungsvermerks im Grundbuch fingiert (§ 23 Abs. 2 ZVG). Daher scheidet ein gutgläubiger Erwerb im Normalfall aus. Eine besondere Möglichkeit gutgläubigen Erwerbs sieht allerdings § 1121 Abs. 2 S. 2 BGB vor: Solange der Erwerber im Zeitpunkt des Entfernens der Sache vom Grundstück nicht von der Beschlagnahme wusste und ihn diesbezüglich keine grobe Fahrlässigkeit traf, tritt Enthaftung ein. Ohne Bedeutung ist hingegen der Einwand, dass der Erwerber nicht wusste, dass die Sache dem Haftungsverband unterlag (etwa weil er dachte, sie sei kein Zubehör).

**284** Eine besondere Problematik besteht hier in Bezug auf Anwartschaftsrechte des Grundstückeigentümers an Zubehör: Soweit der Anwartschaftsberechtigte auf sein Recht verzichtet, würde dieses (anders als das Eigentum) erlöschen. Hierdurch entsteht eine instabile Situation, da der Vertrag nicht übergeht. Zahlt weder der ehemalige Eigentümer (als Vertragschuldner) noch der Ersteigerer, tritt kein Eigentumserwerb ein und der bisherige Eigentümer des Zubehörs kann dieses herausverlangen. Mit Zuschlag wird aber nur das Anwartschaftsrecht erlangt.

→ Fall 22
→ Übersicht 26

**285** Schließlich stehen dem Inhaber einer Grundschuld noch besondere Unterlassungs- und Beseitigungsansprüche (§§ 1133–1135 BGB) gegen Handlungen zu, die den Wert seiner Sicherheit gefährden. Diese ähneln § 1004 BGB (oben Rn. 117 ff.), können aber auch gegen den Eigentümer geltend gemacht werden. Zudem sollen Grundpfandrechte als sonstiges Recht durch § 823 Abs. 1 BGB geschützt sein, sodass auch Schadensersatzansprüche in Betracht kommen.

**d) Einwendungen (§§ 1192, 1157 BGB).** Der Eigentümer eines durch eine Grundschuld belasteten Grundstücks kann gegen die Verwertung der Grundschuld grundsätzlich nur Einreden und Einwendungen geltend machen, die sich unmittelbar aus der Grundschuld ergeben. Mangels Akzessorietät sind hingegen Einwendungen oder Einreden gegen eine durch die Grundschuld gesicherte Forderung unbeachtlich. Dies bedeutet, dass die Begleichung der gesicherten Darlehensforderung auf die Grundschuld keine Auswirkungen hat. **286**

Dieses Ergebnis wird bei Sicherungsgrundschulden allerdings durch die sog. **Sicherungsabrede** erheblich verringert: Diese verknüpft die Grundschuld (schuldrechtlich) mit einem Grundgeschäft. Wenn der Gläubiger, der gleichzeitig Inhaber einer Grundschuld ist, versucht gegen den Eigentümer vorzugehen, obwohl die Darlehensschuld bereits vollständig beglichen wurde, steht dem die Einrede des mangelnden Sicherungsfalls entgegen. **287**

Allerdings wirkt die Sicherungsabrede als schuldrechtlicher Vertrag grundsätzlich **nur relativ** unter den daran beteiligten Personen. Die herrschende Meinung begegnet diesem Problem jedoch dadurch, dass sie den Sicherungsvertrag als untrennbar mit der Grundschuld verknüpft qualifiziert, sodass darauf gestützte Einreden und Einwendungen nach §§ 1192 Abs. 1, 1157 BGB auch einem späteren Erwerber gegenüber gelten. Somit können auch Einreden und Einwendungen in Bezug auf die Forderung über diesen Umweg der Grundschuld entgegengehalten werden. Damit bestünde nur noch die Gefahr, dass ein Dritter nach § 1157 S. 2 BGB darauf verweist, von diesen Beschränkungen keine Kenntnis gehabt zu haben und mangels Vermerk im Grundbuch bzw. auf dem Grundschuldbrief gutgläubig einredefrei erworben zu haben. Lange Zeit behalf man sich, indem man die Unzulässigkeit der Verfügung vor Fälligkeit der Forderung als Beschränkung der Grundschuld unmittelbar im Grundbuch vermerkte. Inzwischen schließt aber die **Sonderregelung des § 1192 Abs. 1a BGB** den gutgläubigen einredefreien Erwerb in Bezug auf Einreden aus der Sicherungsabrede umfassend aus. Auch dem gutgläubigen Erwerber einer Sicherungsgrundschuld können daher bereits eingetretene Einreden und Einwendungen ebenso entgegen gehalten werden wie Einreden, die zwar in der Sicherungsabrede vorgesehen waren, die aber erst noch eintreten müssen (etwa spätere Tilgungsleistungen). **288**

Für sog. „**isolierte Grundschulden**" (ohne Sicherungsabrede) und Einreden, die ausschließlich im Grundgeschäft verwurzelt sind (also nicht in die Sicherungsabrede einer Sicherungsgrundschuld aufgenommen wurden, vgl. § 1192 Abs. 1a S. 2 BGB), verbleibt es bei der Möglichkeit eines gutgläubigen einredefreien Erwerbs nach §§ 1192, 1157 S. 2 BGB. **289**

290 e) **Zahlung (§§ 1192, 1142 BGB).** Der Eigentümer eines durch eine Grundschuld belasteten Grundstücks ist nicht zur Zahlung von Geld verpflichtet, sondern nur zur Duldung der Zwangsvollstreckung (§1147 BGB). Die Geldsumme ist also nur „aus dem Grundstück zu zahlen“ (§ 1191 Abs. 1 BGB). Er darf jedoch den Inhaber der Grundschuld freiwillig befriedigen (§ 1192 i.V.m. § 1142 BGB). Die Folge einer solchen Zahlung ist, dass die Grundschuld zu einer Eigentümergrundschuld wird (sie erlischt hingegen nicht). Allerdings ist dieser Gewinn nur von kurzer Dauer, denn nach §§ 1192, 1179a BGB haben die nachstehenden Grundpfandgläubiger einen Anspruch auf Löschung (um so aufzurücken). Eine durch die Grundschuld gesicherte Forderung wird von einer solchen Zahlung nur betroffen, wenn die Grundschuld als Ersatz für die eigentliche Erfüllung („Erfüllung halber“) bestellt wurde. Zahlt der Grundstückseigentümer auf die Forderung (§ 267 Abs. 2 BGB), geht diese nicht kraft Gesetzes auf ihn über, § 1143 BGB sieht dies nur für die akzessorische Grundschuld vor. Das Erlöschen der Forderung führt nur zu einem schuldrechtlichen Rückübertragungsanspruch.

→ Übersicht 27

291 Soweit ein Schuldner zahlt, der nicht gleichzeitig Eigentümer des belasteten Grundstücks ist, leistet dieser in der Regel auf die Forderung. Umgekehrt leistet der Eigentümer grundsätzlich auf die Grundschuld, wobei er abweichendes bestimmen kann (§ 267 Abs. 2 BGB). Eine durch AGB begründete Pflicht, zuerst auf die (fremde) Schuld zu zahlen, gilt aber als Verstoß gegen § 307 BGB. Bei einer Zahlung des Eigentümers, der gleichzeitig Schuldner ist, bestimmt dieser, ob er auf die Forderung, die Grundschuld, oder sogar beide leistet (§ 366 Abs. 1 BGB). Ohne konkrete Bestimmung greift die besondere Auslegungsregel des § 366 Abs. 2 BGB („fällig, sicher aber lästig, ist ein ältliches Verhältnis“). Im Vertrag kann aber eine besondere Tilgungsreihenfolge festgelegt werden, sodass in der Regel zuerst auf Zinsen, dann auf die Forderung und nur hilfsweise auf die Grundschuld geleistet wird.

292 2. **Eigentumsvorbehalt (§§ 929 S. 1, 158 BGB).** Die Übereignung einer Sache führt zum Eigentumsverlust beim Veräußerer und macht den Erwerber zum vollwertigen Eigentümer. Dies begründet aber für den Veräußerer die Gefahr, dass er einerseits die bisher nur versprochene Gegenleistung (§ 433 Abs. 2 BGB) nie erhält und hierfür auch keinerlei Sicherheiten hat, sofern die Vermögensgegenstände des Schuldners allesamt unpfändbar sind. Insbesondere bei Insolvenz droht er so leer auszugehen, aber auch im Wettlauf der Vollstreckungsgläubiger mag er im Einzelfall das Nachsehen haben. Dieses Problem

wird in der Vertragspraxis im Wege eines oft sogar durch AGB vereinbarten Eigentumsvorbehalts gelöst: Der Käufer wird erst endgültiger Eigentümer der Sache, wenn er den Kaufpreis vollständig gezahlt hat, erhält aber bereits den unmittelbaren Besitz (und ein „Anwartschaftsrecht"; oben Rn. 252 ff.) an der Sache, sodass er sie bereits benutzen kann. Praktische Bedeutung hat dies etwa beim Kauf auf Raten, aber auch bei Lieferung auf Rechnung.

Wichtig: **293**
Auch wenn dies der praktischen Erfahrung und den Interessen entsprechen mag: Ohne Vereinbarung eines Eigentumsvorbehalts wird der Erwerber Eigentümer; ein geheimer Vorbehalt ist unbeachtlich (§ 116 BGB). Eine konkludente Vereinbarung eines Eigentumsvorbehalts kann allenfalls bei besonderen Umständen angenommen werden (Urteile 85, 86).

Ein Eigentumsvorbehalt kann bis zum Zeitpunkt der Übereignung (also auch **294**
noch nach Abschluss des schuldrechtlichen Verpflichtungsgeschäfts) entstehen, soweit nur die Einigung unter die Bedingung vollständiger Kaufpreiszahlung gestellt wird. Soweit der Eigentumsvorbehalt nicht vertraglich vereinbart war, erfüllt der Verkäufer seine Pflicht nach § 433 Abs. 1 S. 1 BGB jedoch nicht und kann auf Abgabe einer unbeschränkten Einigungserklärung (§ 894 ZPO) oder auf Schadensersatz (§§ 280 Abs. 1, Abs. 3, 281; §§ 280 Abs. 1, Abs. 2, 286 BGB) in Anspruch genommen werden. Nach versehentlich erfolgter unbedingter Übereignung muss der Erwerber die Sache dem Veräußerer zurückübertragen (in der Regel durch Einräumung eines Besitzkonstituts, § 930 BGB) und dieser die Sache danach wieder mit bedingter Einigung rückübertragen (§§ 929 S. 2, 158 BGB).

**a) Einfacher Eigentumsvorbehalt.** Den Aufbau eines Eigentumsvorbehalts **295**
kann man § 449 Abs. 1 BGB entnehmen (wichtig: Dies ist nur eine Auslegungsregel!). Die auf den Abschluss der dinglichen Einigung gerichtete Willenserklärung des Verkäufers (nicht: die Übergabe!) wird dabei unter eine aufschiebende Bedingung (§ 158 Abs. 1 BGB) gestellt. Dies bedeutet, dass der Eigentumsvorbehaltsverkäufer bis zur vollständigen Zahlung des Kaufpreises Eigentümer der Sache bleibt. Vor der Zahlung der letzten Kaufpreisrate begründet der Verkauf unter Eigentumsvorbehalt daher nur schuldrechtliche Pflichten, zu denen in der Regel die Übergabe der Sache und die Gewährung des Gebrauchs gehören. Dabei stellt der Kaufvertrag ein Besitzkonstitut (§ 868 BGB) dar, sodass der Vorbehaltsverkäufer mittelbarer Besitzer und der Vorbehaltskäufer Besitzmittler (oben Rn. 49) ist.

296 **Wichtig:**
Wegen § 925 Abs. 2 BGB kann die Eigentumsverschaffung an unbeweglichen Sachen nicht unter einer Bedingung erfolgen – daher ist ein Eigentumsvorbehalt an Immobilien ausgeschlossen. Insoweit greift zum Schutz des Erwerbers die besonders geregelte Vormerkung (§§ 883 ff. BGB, Rn. 235 ff.).

297 Weil der Vorbehaltsverkäufer bis zur Zahlung der letzten Kaufpreisrate Eigentümer bleibt, kann er dieses Eigentum auch nach § 931 BGB durch Abtretung des Herausgabeanspruchs (oben Rn. 160 ff.) weiterübertragen (und zwar auch an Personen, die von dem Verkauf unter Vorbehaltsverkauf wussten – es ist kein gutgläubiger Erwerb, sondern ein Erwerb vom Berechtigten). Selbst wenn der Erwerber aber nicht wusste, dass der jetzige Besitzer als Vorbehaltskäufer ein Anwartschaftsrecht hatte (also gutgläubig war), scheidet ein „lastenfreier" Erwerb (§ 936 BGB), der zum Erlöschen des Anwartschaftsrechts führen würde (Rn. 191), aus. Zwar sieht § 161 Abs. 3 BGB die entsprechende Anwendung der §§ 932 ff. BGB vor, sodass nach § 934 BGB eigentlich die Verschaffung mittelbaren Besitzes genügen würde. Hier greift jedoch korrigierend § 936 Abs. 3 BGB analog ein: Danach erlischt das Anwartschaftsrecht gerade nicht durch die Abtretung an den gutgläubigen Erwerber, sondern besteht fort. Das aus dem Kaufvertrag folgende Besitzrecht des Vorbehaltskäufers (§ 986 Abs. 1 BGB) wirkt zudem in der Phase bis zum Erstarken zum Volleigentum (durch Zahlung der letzten Rate) auch gegenüber demjenigen, der durch Abtretung Eigentum erworben hat (§ 986 Abs. 2 BGB).

298 Der Vorbehaltskäufer ist mit dinglicher Wirkung vor **Zwischenverfügungen** geschützt (§ 161 Abs. 1 BGB). Diese Unwirksamkeit greift anders als bei der Vormerkung (oben Rn. 237 f.) absolut gegenüber jedermann. Bis zum Eintritt der Bedingung tritt die Rechtsänderung jedoch zunächst ein; die Unwirksamkeit gilt nur mit Wirkung für die Zukunft. Unwirksam werden zudem nur Verfügungen, nicht bloß schuldrechtlich wirkende Verpflichtungen (etwa Weitervermietung der Sache). Demgegenüber hat der Eigentumsvorbehaltsverkäufer eine gefährdete Position: Die Sache befindet sich im (unmittelbaren) Besitz des Vorbehaltskäufers. Dieser kann nicht nur gutgläubigen Dritten Eigentum verschaffen (da er Besitz mit Willen des Eigentümers erlangt hat, ist die Sache durch Weiterveräußerung nicht im Sinne von § 935 BGB abhandengekommen, oben Rn. 186), sondern auch durch Weiterverarbeitung der Sache Eigentum erlangen (§ 950 BGB, oben Rn. 199 ff.). In der Praxis versucht man dieses Problem durch so genannte „Herstellerklauseln" zu begrenzen (oben Rn. 201).

Besondere Schwierigkeiten werfen **Streitigkeiten zwischen dem Eigentümer** 299 **und dem Vorbehaltskäufer** auf. Eine wichtige Norm ist dabei zunächst § 162 Abs. 1 BGB: Danach gilt die Bedingung als eingetreten, wenn der Vorbehaltsverkäufer den Bedingungseintritt (etwa durch Verweigerung der Annahme weiterer Zahlungen) verhindert; einer nach allgemeinem Schuldrecht erforderlichen Hinterlegung (§ 372 BGB) bedarf es nicht. Zudem besteht bei Beschädigung der Sache durch den Vorbehaltsverkäufer eine neben §§ 280 ff. BGB tretende besondere Haftung nach § 160 Abs. 1 BGB.

Der Eigentumsvorbehalt geht anders als eine Vormerkung (Rn. 237 ff.) nicht 300 automatisch (analog § 401 BGB) mit Abtretung des Anspruchs auf Übereignung der Kaufsache (§ 433 Abs. 2 BGB) über. Vielmehr ist das Anwartschaftsrecht eigenständig analog §§ 929 ff. BGB übertragbar (Urteil 87).

Weit überwiegend wird das aus einem Eigentumsvorbehalt folgende **Anwart-** 301 **schaftsrecht** (Rn. 252 ff.) als wesensgleiches Minus zum Vollrecht Eigentum behandelt. Das bedeutet: Ein gutgläubiger Vorbehaltskäufer kann auch von einer Person, die weder Eigentümer noch ihrerseits Vorbehaltskäufer ist ein solches „Anwartschaftsrecht" gutgläubig nach §§ 932 ff. BGB erwerben. Da hierzu regelmäßig (mit Ausnahme von § 934 BGB) auch die Übergabe erforderlich ist, drängt sich die Frage auf, ob derjenige, der (noch) Eigentümer der Sache ist jedenfalls bis zum Eintritt der Bedingung Herausgabe der Sache an sich oder den Vorbehaltsverkäufer (§ 986 Abs. 1 S. 2 BGB, oben Rn. 95 ff.) verlangen kann. Jedenfalls dann, wenn der Bedingungseintritt unmittelbar bevorsteht, kann man diese Rückforderung unproblematisch wegen Verstoßes gegen § 242 BGB („dolo agit"-Einrede) als missbräuchlich ablehnen. Im Übrigen (etwa bei Zahlung kleiner Raten über einen langen Zeitraum oder bei Streitigkeiten um die Wirksamkeit der Einräumung des Anwartschaftsrechts) wird man hingegen dem (Noch-)Eigentümer zugestehen, dass dieser die Sache herausverlangt (siehe aber oben Rn. 95 zum Anwartschaftsrecht als „Recht zum Besitz" im Sinne von § 986 BGB) (Urteil 88).

Der Eigentumsvorbehaltsverkäufer darf die Sache erst nach **Erklärung des** 302 **Rücktritts** herausverlangen (§ 449 Abs. 2 BGB). Diese Regelung ist jedoch dispositiv, es kann also auch individualvertraglich Abweichendes vereinbart werden (nicht jedoch durch AGB, § 307 Abs. 2 Nr. 1 BGB). Für Teilzahlungsgeschäfte zwischen Unternehmern und Verbrauchern gelten nach § 508 Abs. 2 S. 1 BGB aber besondere, zwingende Voraussetzungen des Verbraucherdarlehensrechts: Der Darlehensnehmer muss mit mindestens zwei aufeinanderfolgenden Raten in Verzug sein (und zwar mit mindestens 10 % bzw. bei langfristigen Darlehen mit mindestens 5 % des Gesamtbetrags) und der Darlehensgeber muss eine Nachfrist mit Ablehnungsandrohung von zwei Wochen gesetzt haben. Die Rücknahme der Sache gilt dabei nach § 508 Abs. 2 S. 5 BGB als Ausübung des Rücktrittsrechts.

**303** Dennoch bewirkt der Eigentumsvorbehalt über das schuldrechtliche Rücktrittsrecht (§§ 346, 323 BGB) hinausgehenden Schutz. Denn das gesetzliche Rücktrittsrecht aus § 323 BGB kann eigentlich wegen § 218 BGB nur innerhalb der gesetzlichen Verjährungsfrist (§§ 195, 199 BGB: 3 Jahre zum Jahresende nach Entstehung und Kenntnis) geltend gemacht werden. Demgegenüber gilt bei Vereinbarung eines Eigentumsvorbehalts nach § 218 Abs. 1 S. 3 BGB die Regelung des § 216 Abs. 2 S. 2 BGB: Der Rücktritt (und damit die Rückforderung der Sache) ist danach trotz Verjährung des Anspruchs auf Kaufpreiszahlung möglich. Im Rahmen der Zwangsvollstreckung hat der Vorbehaltsverkäufer zudem den Vorteil, dass er auch dann in die unter Eigentumsvorbehalt veräußerte Sache vollstrecken kann, wenn diese eigentlich einem Pfändungsverbot unterfallen würde (§ 811 Abs. 2 S. 1 BGB) – und zwar selbst dann, wenn er nicht zurückgetreten ist. Er kann also in das Anwartschaftsrecht durch Beauftragung des Gerichtsvollziehers vollstrecken (§ 883 ZPO). Dies stellt insbesondere kein widersprüchliches oder missbräuchliches Verhalten dar, obwohl auf diesem Wege die besonderen Voraussetzungen des Rücktritts unterlaufen werden können.

**304** Obwohl die Übertragung des Anwartschaftsrechts des Vorbehaltskäufers wie beim Volleigentum erfolgt, gilt dies nicht entsprechend in der **gerichtlichen Zwangsvollstreckung** durch **Gläubiger des Vorbehaltskäufers**. Da der Vorbehaltsverkäufer noch Eigentümer ist, könnte er der Sachpfändung durch den Gerichtsvollzieher die Drittwiderspruchsklage (§ 771 ZPO) entgegenhalten; zudem ist der Gerichtsvollzieher für die Beurteilung des Anwartschaftsrecht nicht hinreichend qualifiziert. Zwar kann der Vollstreckungsgläubiger grundsätzlich die Kaufpreisschuld des Vorbehaltskäufers tilgen (§ 267 Abs. 1 BGB), sodass dieser Eigentümer wird. Bis zur Sachpfändung wäre er dann aber schutzlos. Daher ist zur Verwertung durch Gläubiger des Vorbehaltskäufers zunächst eine **Rechtspfändung** gem. §§ 857, 828, 829 ZPO vorzunehmen. Diese bewirkt, dass der Vollstreckungsschuldner nicht mehr über das Anwartschaftsrecht verfügen kann (§ 829 Abs. 1 S. 2 ZPO). Schwierigkeiten bereitet allerdings der Moment, in dem das Anwartschaftsrecht durch Zahlung der letzten Kaufpreisrate zum Eigentum erstarkt. Eigentlich müsste sich in diesem Zeitpunkt die Rechtspfändung analog § 847 ZPO i. V. m. § 1287 BGB am Eigentum fortsetzen. Dies wäre aber eine Besserstellung gegenüber der sonstigen Pfändung beweglicher Sachen, bei denen die Pfändung durch „Anlegung von Siegeln oder auf sonstiger Weise" erkennbar gemacht werden muss (§ 808 Abs. 2 S. 2 ZPO). Im Vorgriff auf diese mögliche Umwandlung verlangt daher die Rechtsprechung, dass der Gerichtsvollzieher in einem zweiten Schritt die Sache im Wege der **Sachpfändung** nach §§ 808 ff. ZPO pfändet. Dieses zweigleisige Vorgehen bezeichnet man als „**Doppelpfändung**". Erst bei Vorliegen beider Schritte entsteht nach Eintritt der Bedingung das Pfändungspfandrecht an der Sache.

**Gläubiger des Vorbehaltsverkäufers** können demgegenüber nur in die Sache **305** vollstrecken, wenn auch der Vorbehaltskäufer einwilligt (§§ 808, 809 ZPO). Der Inhaber des Anwartschaftsrechts kann sich gegen die Vollstreckung in diesem Fall mit der Vollstreckungserinnerung (§ 766 BGB) wehren; im Übrigen steht ihm auch die Drittwiderspruchsklage zu (§ 771 BGB), da er nur so den hoheitlichen (und damit nicht durch das wegen § 161 BGB nur gegen rechtsgeschäftliche Verfügungen wirkende Anwartschaftsrecht betroffenen) Erwerb ausschließen kann.

Wenn das Anwartschaftsrecht übertragen wurde, darf der Veräußerer einer **306** Zahlung durch den Erwerber auf seine Kaufpreisschuld nicht nach § 267 Abs. 2 BGB widersprechen und so den Eigentumserwerb des Dritten verhindern. Bei Pfändung des Anwartschaftsrechts fällt die Begründung etwas schwerer; einerseits kann eine Verweigerung der Annahme durch den Vorbehaltsverkäufer insoweit mangels berechtigtem Interesses des Käufers als missbräuchlich qualifiziert werden und damit nach § 162 BGB zur Fiktion des Eintritts der Bedingung führen. Andererseits kann man auch mit der Rechtsprechung den Widerspruch des Vorbehaltskäufers analog einer „Verfügung" (oben Rn. 298) ansehen und daher bei erfolgter Rechtspfändung nach §§ 857 Abs. 1, 829 Abs. 1 S. 2 BGB für unwirksam erklären ( Urteile 87, 88).

Der Vorbehaltskäufer ist auch in der **Insolvenz** des Vorbehaltsverkäufers ge- **307** schützt: Er darf die Erfüllung des Vertrages verlangen (§ 107 InsO), d.h. den ausstehenden Kaufpreis an den Insolvenzverwalter zahlen und wird so Eigentümer der Sache – der Insolvenzverwalter hat diesbezüglich entgegen § 103 InsO kein Wahlrecht. Ist der Vorbehaltskäufer insolvent, hat der Insolvenzverwalter hingegen das Wahlrecht des § 103 InsO. Erst nach dem Berichtstermin kann der Vorbehaltsverkäufer verlangen, dass der Insolvenzverwalter sich ihm gegenüber erklärt (§§ 103 Abs. 2 S. 2, 107 Abs. 2 S. 1 InsO). Verlangt der Insolvenzverwalter Erfüllung, wird die Kaufpreiszahlung zur Masseschuld, ist also vor den Insolvenzverbindlichkeiten zu befriedigen (§ 55 Abs. 1 Nr. 2 InsO). Lehnt er hingegen die Erfüllung ab, besteht ein Aussonderungsrecht (§ 47

InsO) bzw. sofern die Sache unbefugt an einen gutgläubigen Dritten veräußert wurde ein Ersatzaussonderungsrecht an der hierfür erlangten Gegenleistung, soweit diese noch unterscheidbar in der Masse vorhanden ist (§ 48 InsO).

→ Fall 23

→ Übersicht 28

**308** **b) Verlängerter Eigentumsvorbehalt.** Ein Eigentumsvorbehalt stößt in Lieferketten auf Schwierigkeiten. In der Praxis hat sich zur Absicherung der Hersteller bzw. vorgelagerten Handelsstufen der verlängerte Eigentumsvorbehalt herausgebildet (in der Regel durch AGB vereinbart). Bei diesem wird der Vorbehaltskäufer zur Weiterveräußerung „im ordnungsgemäßen Geschäftsgang" ermächtigt (§ 185 Abs. 1 BGB). Gleichzeitig tritt er im Voraus die Ansprüche gegen seine Kunden aus dem Verkauf der Ware zur Sicherung seiner Kaufpreisschuld an den Verkäufer ab (§ 398 BGB). Gegenüber dem Endkunden soll dieses Verhältnis aber nicht offengelegt werden – daher wird der Vorbehaltskäufer gegenüber seinen Kunden zur Einziehung der Forderungen ermächtigt (hier: analog § 185 Abs. 1 BGB, da die Regelung eigentlich nur die Verfügung, nicht aber die Einziehung betrifft). Danach kann der Vorbehaltskäufer gegen seine Kunden im eigenen Namen klagen (ein Fall gewillkürter Prozessstandschaft). Ein Widerruf der Einziehungsermächtigung ist in der Regel nur unter besonderen Umständen möglich, namentlich bei vertragswidrigem Verhalten des Vorbehaltskäufers.

**309** Ein zwischen Vorbehaltskäufer und Endkunden vereinbartes Abtretungsverbot (§ 399, 2. Var. BGB) ist unwirksam, wenn es sich um ein beiderseitiges Handelsgeschäft handelt (§ 354a HGB) oder im Einzelfall eine einseitige Begünstigung von Vorbehaltskäufer und/oder –verkäufer gegenüber dem Endkunden beinhaltet (insbesondere bei AGB). Die Weiterveräußerung der Sache mit einem wirksamen Abtretungsverbot erfolgt jedoch regelmäßig nicht im „ordnungsgemäßen Geschäftsgang" und überschreitet daher die nach § 185 Abs. 1 BGB bestehende Befugnis des Eigentumsvorbehaltskäufers. Der Endkunde wird daher nur Eigentümer, soweit er gutgläubig war (§§ 932 ff. BGB). Daran fehlt es in der Regel, wenn der Endkunde ein Abtretungsverbot vereinbart, denn dieses dient gerade dem Zweck, den für den verlängerten Eigentumsvorbehalt typischen Forderungsübergang zu verhindern ( Urteil 89).

**310** Die Leistung an den Vorbehaltskäufer befreit den Endkunden auch von der (ihm ohnehin nicht bekannten) Verpflichtung gegenüber dessen Lieferanten (§ 407 Abs. 1 BGB; siehe auch § 362 Abs. 2 BGB). Eine Aufrechnung scheidet nur aus, wenn der Endkunde von der Abtretung bei Fälligkeit seiner Gegenforderung weiß (§ 406 BGB). Der Eigentumsvorbehalt des ursprünglichen Vorbehaltsverkäufers setzt sich nicht an der erhaltenen Gegenleistung fort, insoweit ist er allein auf schuldrechtliche Ansprüche beschränkt (insbesondere aus §§ 280 Abs. 1, Abs. 3, 281 oder §§ 280 Abs. 1, Abs. 2, 286 BGB).

Der verlängerte Eigentumsvorbehalt ist für den Vorbehaltskäufer insoweit **311** nachteilig, als eine anderweitige Finanzierung verhindert wird. Daher kollidiert der verlängerte Eigentumsvorbehalt mit anderen Übertragungen der Forderung im Wege der sog. „Globalzession" und des „Factoring". Dabei gilt im Grundsatz das Prioritätsprinzips: Die zeitlich erste Forderungsübertragung schließt alle späteren Abtretungen aus.

- Eine antizipierte **Globalzession** erfolgt in aller Regel vor der Weiterveräuße- **312** rung, sodass die Abtretung aufgrund eines verlängerten Eigentumsvorbehalts ins Leere läuft. Zur Korrektur wird auf die sog. „Vertragsbruchtheorie" abgestellt. Danach soll eine uneingeschränkte Globalzession den Zedenten dazu zwingen, gegenüber seinen Lieferanten pflichtwidrig Ware ohne Abtretung der Kaufpreisforderung zu veräußern. Dies sei sittenwidrig und daher unwirksam (§ 138 BGB), wenn nicht durch eine „dingliche Verzichtsklausel" die Globalzession auf diejenigen Forderungen beschränkt wird, die nicht von einem verlängerten Eigentumsvorbehalt erfasst sind. Eine reine Freigabemöglichkeit der Bank (sog. „obligatorische Teilverzichtsklausel") genügt demgegenüber nicht (💿 Urteile 90, 91).
- Beim **Factoring** kümmert sich ein „Factor" um die Einziehung der Ansprü- **313** che eines Unternehmers. Das „echte Factoring" ist dabei ein Fall des Forderungskaufs (§§ 433, 453 BGB), beim dem der Factor das Risiko übernimmt, dass die Forderung wegen Zahlungsunfähigkeit uneinbringbar ist („Delkredere-Risiko"). Beim (praktisch seltenen) „unechten Factoring" erhält der Unternehmer dagegen nur einen Kredit, die Abtretung der Forderung erfolgt erfüllungshalber (§ 364 Abs. 2 BGB). Er erhält also früher seine (um die Provision des Factors geminderte) Gegenleistung, die er aber möglicherweise zurückzahlen muss. Das „echte Factoring" stellt den Vorbehaltsverkäufer nicht schlechter als die Erfüllung durch den Endkunden: Die Provision stellt einen Teil des Gewinns des Vorbehaltskäufers dar und mindert seine Sicherheit daher nicht. Es ist daher von der Ermächtigung gedeckt, diese erfordert nicht, dass der abgetretene Anspruch gerade gegen den Erwerber der Sache bestehen muss. Es ist daher uneingeschränkt zulässig. Das „unechte Facto-

ring“ ist hingegen ebenso wie die Globalzession sittenwidrig, wenn keine dingliche Teilverzichtsklausel vereinbart wurde.

→ Urteile 92, 93

→ Fall 24

314 c) **Erweiterter Eigentumsvorbehalt.** Grundsätzlich sichert der Eigentumsvorbehalt nur den Gegenleistungsanspruch für die konkret verkaufte Sache. Bei laufenden Geschäftsbeziehungen liegt es allerdings nahe, die Sicherungswirkung auch auf andere Ansprüche aus dieser Beziehung zu erstrecken. Man spricht dann von einem „erweiterten Eigentumsvorbehalt“. Nach § 449 Abs. 3 BGB darf diese Sicherungswirkung aber nicht auf Verbindlichkeiten gegenüber anderen mit dem Verkäufer verbundenen Unternehmen erstreckt werden (§ 449 Abs. 3 BGB). Zulässig ist demgegenüber, dass ein Eigentumsvorbehalt für den Fall vereinbart wird, dass zum Eigentumsübergang nicht nur der Käufer selbst, sondern auch alle mit diesem verbundenen Unternehmen ihre Verbindlichkeiten beim Vorbehaltsverkäufer begleichen müssen („umgekehrter Konzernvorbehalt“). Ein unwirksamer erweiterter Eigentumsvorbehalt kann (auch in AGB) als einfacher Eigentumsvorbehalt ausgelegt werden.

315 Unterschiede gibt es insoweit vor allem im Fall der Insolvenz: Soweit die Sache andere Forderungen als den ursprünglichen Kaufpreisanspruch absichert, besteht nur ein Recht auf abgesonderte Befriedigung (§§ 50, 51 Nr. 1 InsO), der erweiterte Eigentumsvorbehalt wird also wie Sicherungseigentum behandelt (unten Rn. 323).

316 3. **Sicherungseigentum an beweglichen Sachen (§ 930 BGB).** Während der Eigentumsvorbehalt ausschließlich den Vorbehaltsverkäufer sichern soll und selbst der erweiterte Eigentumsvorbehalt an einen Kaufvertrag anknüpft, gibt es auch darüber hinaus vielfach ein Bedürfnis, bewegliche Sachen als Sicherheit für Geldverbindlichkeiten einzusetzen. Das BGB gibt hierzu mit dem Pfandrecht ein eher unpraktisches Institut vor: Dieses erfordert, dass der Pfandgläubiger jedenfalls qualifizierten Mitbesitz (unten Rn. 344 ff.) erlangt (§§ 1205 f. BGB). Damit kann derjenige, der seine Sachen verpfändet, diese aber nicht mehr nutzen. Umgekehrt muss der Pfandgläubiger die verpfändeten Sachen auch aufbewahren, was in der Regel erhebliche Kosten mit sich bringt. Der wesentliche Vorteil dieser Lösung lag in der Publizität: Der Pfandgläubiger kann den Verlust der Sicherheit verhindern, da ein gutgläubig lastenfreier Erwerb ausgeschlossen ist, solange er im Besitz der Sache ist (§ 936 Abs. 3 BGB).

Die Rechtspraxis hat allerdings schon früh einen Weg gesucht, diese Beschränkung zu umgehen – und mit dem Sicherungseigentum gefunden: Statt eines bloßen Pfandrechts erhält so der Sicherungsnehmer sogar Eigentum an der Sache (bzw. wenn der Sicherungsgeber seinerseits nur Vorbehaltskäufer ist dessen Anwartschaftsrecht), was nach § 930 BGB ohne Besitzverlust des Sicherungsgebers möglich ist. Die zwischen den Parteien bestehende „Sicherungsabrede" bildet dabei ein Besitzkonstitut (eine daneben mögliche Vereinbarung etwa einer Leihe oder Verwahrung ist daher nicht erforderlich!), das die schuldrechtliche Darlehensforderung mit der dinglichen Übereignung verknüpft (siehe auch oben Rn. 287 zur Sicherungsgrundschuld). Im Innenverhältnis wird der Sicherungsnehmer durch diese Sicherungsabrede beschränkt – er darf das Eigentum bis zum Eintritt des Sicherungsfalls nicht verwerten. Dingliche Wirkung hat diese Vereinbarung freilich nicht (§ 137 S. 1 BGB), d.h. bei einem Verstoß ist der Sicherungsgeber auf Schadensersatzansprüche im Innenverhältnis beschränkt. **317**

**Wichtig:** **318**
Ein gutgläubiger Erwerb von Sicherungseigentum scheitert in aller Regel daran, dass die nach § 933 BGB erforderliche Übergabe insoweit nie erfolgt (und auch nie erfolgen soll). Daher kann nur der Eigentümer oder ein von ihm nach § 185 ermächtigter Dritter Sicherungseigentum einräumen. Ebenso scheitert ein gutgläubig lastenfreier Erwerb nach § 936 Abs. 1 S. 3 BGB, sodass etwa ein Vermieterpfandrecht fortbesteht.

Die Sicherungsübereignung kann sich auch auf Sachgesamtheiten (etwa Warenlager) beziehen. Unproblematisch ist der Fall, wenn alle Gegenstände in einem bestimmten Raum erfasst sein sollen („Raumsicherungsvertrag") oder die konkret zu übertragenden Gegenstände einzeln markiert werden. Möglich ist sogar eine vorweggenommene Sicherungsübereignung dergestalt, dass alle Gegenstände, die im Laufe der Zeit in einem bestimmten Warenlager aufbewahrt werden von der Sicherungsübereignung erfasst werden sollen. Erforderlich hierfür ist allerdings ein Publizitätsakt in Form einer nach außen erkennbaren Ausführungshandlung des Sicherungsgebers. In diesem Zusammenhang ist auch eine „verlängerte Sicherungsübereignung" denkbar, bei der (wie beim verlängerten Eigentumsvorbehalt, oben Rn. 308 ff.) der Sicherungsgeber zur Weiterveräußerung im ordentlichen Geschäftsgang ermächtigt wird (§ 185 Abs. 1 BGB) gegen Abtretung der Ansprüche gegen seine Abnehmer (§ 398 BGB) unter Einräumung einer Einziehungsermächtigung (§ 185 Abs. 1 BGB analog) (Urteile 94–96). **319**

**320** In der Praxis verpflichtet sich der Sicherungsnehmer nur schuldrechtlich das Eigentum mit Tilgung der Forderung wieder an den Sicherungsgeber zurück zu übertragen. Ohne eine solche Vereinbarung folgt die Rückübertragungspflicht jedenfalls aus Bereicherungsrecht (§ 812 Abs. 1 S. 2, 1. Var.). Es gibt aber auch eine praktisch unübliche, aber für den Sicherungsgeber sehr viel günstigere dinglich wirkende Variante. Spiegelbildlich zum Eigentumsvorbehalt kann nämlich die Eigentumsverschaffung *auflösend* (statt aufschiebend) bedingt werden (§ 158 Abs. 2 BGB). Mit Bedingungseintritt fällt das Eigentum dann automatisch ohne Weiteres an den Sicherungsgeber zurück. Der Sicherungsgeber wird dabei zudem ebenso wie der Vorbehaltskäufer (oben Rn. 298) durch § 161 Abs. 1 BGB sowie § 936 Abs. 3 BGB davor geschützt, dass der Sicherungsnehmer sein Eigentum weiterveräußert. Bei bloß schuldrechtlicher Rückübertragungspflicht wäre er hingegen auf Schadensersatzansprüche beschränkt. Darüber hinaus kann er das so entstehende Anwartschaftsrecht seinerseits weiter belasten (oben Rn. 257), was bei einer bloßen Rückübertragungsforderung nur bedingt möglich ist. Allerdings geht durch eine solche dingliche Rückfallklausel die von Banken regelmäßig erwünschte Möglichkeit verloren, das Sicherungsgut auch zur Sicherung andere Forderungen oder einer sich dynamisch verändernden Kontokorrentlage zu nutzen.

**321** Anders als das Pfandrecht (Rn. 342) ist die Sicherungsübereignung **nicht akzessorisch**. Die Eigentumsübertragung ist daher jedenfalls für eine juristische Sekunde wirksam, selbst wenn die zu sichernde Forderung gar nicht entsteht. Auch die Unwirksamkeit der Sicherungsabrede hindert die Eigentumsübertragung nicht, solange diese zumindest vermeintlich wirksam war. Insoweit kann eine nach § 139 BGB hinreichende Verknüpfung nach Ansicht des BGH allerdings im Einzelfall unter besonders strengen Anforderungen geschaffen werden. Zudem ist es möglich, die Übereignung nach § 930 BGB durch die Wirksamkeit der Sicherungsabrede zu bedingen (Rn. 145) (Urteil 97).

**322** Besondere Probleme wirft die Beurteilung der **Sittenwidrigkeit** der Sicherungsübereignung auf – denn diese kann regelmäßig eine übermäßig beschränkende Wirkung auf den Sicherungsgeber entfalten („Knebelung"), andere Gläubiger gefährden oder eine Übersicherung zugunsten des Sicherungsnehmers bedeuten. Bei nachträglichen Änderungen des Wertes der Gegenstände nimmt der BGH eine Übersicherung an, wenn der analog § 237 BGB geschätzte Wert der Sicherungsgegenstände 110 % der zu sichernden Forderung überschreitet. Aufgrund dieses Risikoaufschlags hinsichtlich des Schätzwertes wird grundsätzlich eine Deckungsgrenze von 150 % (inkl. Feststellungs- und Verwertungskosten) angenommen. Abweichungen nach oben oder unten sind im Einzelfall zu beweisen. Rechtsfolge einer Überschreitung ist aber nicht die Unwirksamkeit der Sicherungsabrede, sondern nur ein Anspruch gegen den Sicherungsnehmer auf Freigabe. Dies gilt selbst dann, wenn ein solcher Anspruch nicht vereinbart wurde ( Urteile 98, 99).

Für die Verwertung des Sicherungseigentums gelten die Regelungen des 323
Pfandrechts (§§ 1228 ff. BGB, Rn. 355 ff.) nicht entsprechend. Der Sicherungsnehmer kann vielmehr die zur Sicherung übereignete Sache nach § 985 BGB vom Sicherungsgeber herausverlangen, sobald das aus der Sicherungsabrede folgende Besitzrecht des Sicherungsgebers erloschen ist (also mit Eintritt des Sicherungsfalls, nach § 216 Abs. 2 S. 1 BGB aber außerdem auch mit Verjährung der zu sichernden Forderung). Zur Erlangung des Besitzes ist die Vollstreckung eines auf Herausgabe der Sache gerichteten Titels erforderlich (§ 883 ZPO); ein vertraglich vereinbartes Wegnahmerecht ist wegen § 858 Abs. 1 BGB unwirksam. Bei der Vollstreckung eines Titels auf Herausgabe der Sache bleiben insbesondere die Pfändungsverbote (§ 811 ZPO) außer Betracht. Soweit Gläubiger des Sicherungsgebers versuchen in die Sache zu vollstrecken, kann sich der Sicherungsnehmer hiergegen mit der Drittwiderspruchsklage zur Wehr setzen (§ 771 ZPO). Er steht also auch insoweit dem Eigentümer näher als einem Pfandgläubiger, der nur vorzugsweise Befriedigung (§ 805 ZPO) verlangen kann. In der Insolvenz zeigt sich allerdings die besondere Stellung des Sicherungseigentums: Hier erhält der Sicherungsnehmer anders als ein Vermieter oder Vorbehaltsverkäufer (oben Rn. 304 ff.) nur ein Recht auf abgesonderte Befriedigung, d.h. bei Verwertung des Sicherungsgegenstandes (etwa nach § 166 InsO) wird zunächst er aus dem Erlös befriedigt. Soweit ein über seine Forderung hinausgehender Betrag erzielt wird, fällt dieser hingegen in die Insolvenzmasse. Wird der Sicherungsnehmer insolvent, kann der Sicherungsgeber Aussonderung nach § 47 InsO verlangen, sobald er seine Verbindlichkeit getilgt hat. Dies gilt selbst dann, wenn keine aufschiebend bedingte Übereignung erfolgt ist, sondern nur eine schuldrechtliche Rückübertragungspflicht vereinbart wurde.

→ Übersicht 29

→ Fall 25

## II. Akzessorische Sicherheiten (§ 232 BGB)

**324** Akzessorische Sicherheiten sind mit einer schuldrechtlichen Verbindlichkeit verknüpft. Das bedeutet, dass die Sicherheit nur bestehen kann, wenn auch der Anspruch existiert. Ist das zugrunde liegende Rechtsgeschäft nichtig oder der Anspruch (etwa durch Erfüllung, § 362 BGB) erloschen, besteht auch die Sicherheit nicht mehr. Einen groben Überblick über mögliche akzessorische Sicherheiten gibt § 232 BGB. Im Folgenden sollen (wie auch bei den nicht-akzessorischen Sicherheiten) nur die an Sachen bestellten Rechte betrachtet werden; Pfandrechte an Rechten und Bürgschaften bleiben dabei ausgeklammert.

**325** Ein klassisches Problem tritt auf, wenn mehrere Sicherheiten zugunsten einer Forderung bestellt wurden und einer der Sicherungsgeber freiwillig zahlt („**Wettlauf der Sicherungsgeber**"). Grundsätzlich geht die Forderung auf einen Sicherungsgeber über, der den Gläubiger befriedigt (§ 1225 S. 1 BGB für das Pfandrecht, § 774 Abs. 1 BGB für die Bürgschaft, § 1143 BGB für die Hypothek). Nach §§ 412, 401 BGB gehen damit grundsätzlich auch die anderen Sicherheiten über. Derjenige, der zuerst zahlt, könnte daher bei unmittelbarer Anwendung des Gesetzes auf die vollen Sicherheiten der anderen Rückgriff nehmen und würde so im Innenverhältnis voll befriedigt, während die zu spät kommenden Sicherheitsgeber leer ausgingen. Für das Verhältnis mehrerer Bürgen untereinander verweist § 774 BGB allerdings auf einen Innenausgleich nach Gesamtschuldrecht (§ 774 Abs. 2 BGB). Dieser Rechtsgedanke wird entsprechend für das Verhältnis mehrerer Verpfänder bzw. Pfandeigentümer zueinander herangezogen und gilt nach dem BGH sogar für das Verhältnis verschiedener Sicherungsgeber (also Bürge zu Verpfänder,etc.) zueinander. Demgegenüber will ein Teil der Literatur einen generellen Nachrang der Bürgschaft gegenüber dinglichen Sicherheiten bejahen, wofür auf den Rechtsgedanken des § 776 BGB verwiesen wird. Danach würde zwar der zahlende Bürge ein Pfandrecht oder eine Hypothek erwerben, nicht jedoch umgekehrt der zahlende Verpfänder oder Grundstückseigentümer einen Anspruch gegen den Bürgen (Urteile 100, 101).

**326** **1. Hypothek an Grundstücken (§§ 1113–1190 BGB).** Im Gegensatz zur Grundschuld ist die Hypothek **streng akzessorisch** zu einer Forderung. Diese Forderung ist freilich nicht der „Rechtsgrund" für die Bestellung der Hypothek im Sinne von § 812 BGB, dieser liegt in der Regel in einem davon trennbaren Verpflichtungsgeschäft (das aber im gleichen Dokument fixiert sein kann). Der

Hypothekar muss daher stets Gläubiger irgendeiner Geldforderung sein; der Eigentümer des Grundstücks muss hingegen nicht zwingend Schuldner dieser Forderung sein (siehe nur §§ 1137, 1142 ff., 1156 ff., 1164 ff., 1182 BGB). Erlischt der Zahlungsanspruch (oder entsteht er gar nicht), kann sich der Gläubiger auch nicht auf die Hypothek berufen. Die Akzessorietät hat für den Schuldner der Forderung den Vorteil, dass bei einer Schuldübernahme (d.h. einem Austausch des Haftenden) die ansonsten erforderliche Zustimmung des Gläubigers als erteilt gilt, wenn dieser nicht innerhalb von sechs Monaten widerspricht (§ 416 BGB).

Die Akzessorietät ist allerdings zum **Verkehrsschutz** grundsätzlich in verschiedenen Punkten eingeschränkt: Einwendungen des Schuldners aus der Forderung gegen den früheren Gläubiger können dem Erwerber grundsätzlich nicht entgegengehalten werden (§§ 1138, 1140, 1156 BGB). Das Grundbuch vermittelt einen hinreichenden Rechtsschein im Hinblick auf Bestand und Höhe der Hypothek, die aber bei der Briefhypothek durch eine entsprechende Eintragung im Hypothekenbrief überwunden werden kann. Auch wenn die durch die Hypothek zu sichernde Forderung gar nicht besteht, entsteht ein Grundpfandrecht (trotz Akzessorietät zu einer fehlenden Forderung), allerdings nur eine Grundschuld zugunsten des Grundstückeigentümers selbst (§§ 1163 Abs. 1 S. 1, 1177 Abs. 1 BGB, unten Rn. 330). Diese hat insbesondere im Hinblick auf den Rang im Verhältnis zu anderen Belastungen Bedeutung (oben Rn. 20). **327**

Zu Lasten des durch das Grundbuch bewirkten Verkehrsschutzes wird die Akzessorietät hingegen bei der **Sicherungshypothek** (§ 1184 BGB) verstärkt. Bei dieser passt sich die Hypothek stets dynamisch der Forderung an. Insoweit ermöglicht die Grundbucheintragung keinen Schluss über die Höhe oder auch nur den (Fort-)Bestand der Forderung. Der Erwerber der durch die Hypothek gesicherten Forderung kann sich also nicht auf § 891 BGB berufen und muss Einwendungen, die dem alten Gläubiger entgegengehalten werden konnten, umfassend gegen sich gelten lassen (§§ 406 ff. BGB). Praktische Bedeutung haben solche Sicherungshypotheken weniger aufgrund freiwilliger Vereinbarung als vielmehr aufgrund ihrer Schaffung gegen den Willen des Eigentümers, vor allem im einstweiligen Rechtsschutz („Arresthypothek", §§ 868 ff., 932 ZPO). Auch Werkunternehmer haben beim Bau von Gebäuden einen (gesetzlichen!) Anspruch gegen den Eigentümer des bebauten Grundstücks auf Eintragung einer Hypothek zur Sicherung ihrer Forderungen (§ 648 BGB), die insoweit an die Stelle des nur bei beweglichen Sachen denkbaren (unten Rn. 349) Werkunternehmerpfandrechts (§ 647 BGB) tritt. Ein Hypothekenbrief **328** kann über eine Sicherungshypothek nicht ausgestellt werden (§ 1185 BGB), sie ist stets Buchhypothek.

**329** Soweit eine künftige oder bedingte Forderung durch eine Hypothek besichert wird, erwirbt der Hypothekengläubiger bis zur Entstehung des Anspruchs ein Anwartschaftsrecht (oben Rn. 253), der Eigentümer erhält bis zu diesem Zeitpunkt eine (rangwahrende) **Eigentümergrundschuld** (§§ 1163 Abs. 2, 1177 Abs. 1 BGB). Diese kann er bereits seinerseits (analog § 1154 BGB) weiterübertragen, um sich so zu refinanzieren.

**330** Die Vorstellung einer „**Eigentümerhypothek**" (§ 1163 Abs. 1 BGB) ist demgegenüber auf den ersten Blick irritierend. Diese entsteht, wenn die Forderung beglichen wurde. Die anderen Gläubiger rücken also nicht etwa automatisch auf, sondern die Hypothek besteht zugunsten des Eigentümers selbst. Da jedoch niemand eine Forderung gegen sich selbst haben kann (sog. „Konfusion"), wird die Hypothek dabei automatisch zu einer „Eigentümergrundschuld" (§ 1177 Abs. 1 BGB, Rn. 329), sofern nicht ein Dritter Schuldner der Forderung war und diese Forderung auf den Gläubiger übergeht. Die Inhaber nachrangiger Hypotheken oder Grundschulden haben aber einen Anspruch auf Löschung vor- bzw. gleichrangiger Grundschulden bzw. Hypotheken des Eigentümers (§ 1179a BGB), der sogar wie durch eine Vormerkung gegen Zwischenverfügungen abgesichert ist (nach § 1179a Abs. 1 S. 3 finden §§ 883 ff. BGB entsprechende Anwendung, oben Rn. 236 ff.).

**331** Mit jeder Verbindlichkeit kann nur genau *eine* Hypothek verbunden werden (aber unbegrenzt viele Grundschulden). Soweit für eine einheitliche Schuld mehrere Grundstücke haften sollen, kommt daher nur eine „**Gesamthypothek**" (§ 1132 BGB) in Betracht. Die Besonderheit dabei: Zahlt einer der Eigentümer auf die Gesamthypothek, werden alle (!) durch die Gesamthypothek betroffenen Grundstücke nur noch durch Eigentümergrundschulden belastet. Der zahlende Eigentümer erhält also die Forderung (und etwaige Bürgschaften) entgegen §§ 412, 401 BGB nicht jedoch eine Hypothek auf die anderen Grundstücke.

**332** Als akzessorisches Sicherungsrecht wird die Hypothek stets mit der Forderung **übertragen** (§ 401 BGB). Eine Übertragung der Forderung ohne Hypothek oder der Hypothek ohne Forderung ist nicht möglich („Mitlaufgebot", § 1153 BGB). Eine isolierte Übertragung der Hypothek ist als Abtretung der Forderung auszulegen. Die weiteren Anforderungen sind wie bei der Grundschuld: Es ist eine schriftliche Einigung (§ 1154 BGB) über die Abtretung erforderlich, die Übergabe des Hypothekenbriefs (wegen § 952 BGB, oben Rn. 215, nicht die „Übereignung“!) oder bei der Buchhypothek die Eintragung im Grundbuch (§§ 1154 Abs. 3, 873 BGB) und die Verfügungsbefugnis.

**333** Ein sehr beliebtes Klausurproblem ist der gutgläubige Erwerb einer Hypothek. Keine größeren Schwierigkeiten bereitet dabei zunächst der gutgläubige Ersterwerb, d. h. die Bestellung einer Hypothek an einem Grundstück, für das ein Nichtberechtigter als Eigentümer eingetragen ist: Hier gelten die bereits oben für den gutgläubigen Eigentumserwerb erörterten Regeln (§§ 892 f. BGB, Rn. 227 ff.). Demgegenüber sind beim gutgläubigen Zweiterwerb vier denkbare Problemkonstellationen zu unterscheiden:

- **334** Es gab eine Forderung, jedoch ist die (im Grundbuch eingetragene) Hypothek unwirksam – hier ist ein gutgläubiger Erwerb nach § 892 BGB (oben Rn. 227 ff.) möglich. Für die Briefhypothek greift ergänzend § 1155 S. 1 BGB, wonach an Stelle des Grundbuchs auch eine ununterbrochene Kette öffentlich beglaubigter Abtretungserklärungen treten kann, die letztlich auf den eingetragenen Gläubiger zurückführen. § 1155 BGB ist eine reine Hilfsnorm, die im Rahmen von § 892 BGB eine Grundbucheintragung fingiert. Dabei genügen auch gefälschte Erklärungen, soweit die Fälschung bei Anwendung der erforderlichen Sorgfalt nicht erkennbar ist (Urteil 102).
- **335** Es gab keine Forderung, es wurde jedoch eine Hypothek eingetragen (die daher nur eine Eigentümergrundschuld ist, §§ 1163 Abs. 1 S. 1, 1177 BGB). § 1138 BGB fingiert jedoch das Bestehen der Forderung (und durchbricht das Akzessorietätsprinzip), um die Verkehrsfähigkeit der Hypothek aufrechtzuerhalten. Gegenüber dem Erwerber wird also unterstellt, dass der Veräußerer wirklich Inhaber der nicht existierenden Forderung war. Die Forderung entsteht bei der Übertragung jedoch nicht, es handelt sich um eine **„forderungsentkleidete“ Hypothek**, die praktisch wie eine Grundschuld behandelt wird. Die Voraussetzungen sind daher dieselben wie beim Erwerb einer fehlerhaft bestellten Hypothek (oben Rn. 334): Das Grundbuch muss den vermeintlichen Hypothekar legitimieren, der Erwerber darf keine Kenntnis haben und es darf kein Widerspruch eingetragen sein (§ 892 BGB, oben Rn. 227 ff.) (Urteil 103).
- **336** Wenn weder eine Forderung noch eine Hypothek bestanden, aber das Grundbuch das Bestehen des Grundpfandrechts ausweist (**„Doppelmangel“**), greift § 892 BGB in Verbindung mit § 1138 BGB und zusätzlich § 892 BGB als solcher.

337 • Schließlich ist denkbar, dass es zwar tatsächlich eine Forderung gibt, diese aber nicht dem eingetragenen Hypothekar, sondern einem Drittgläubiger zusteht. Nach dem BGB wäre auch hier ein Erwerb der (forderungsentkleideten) Hypothek möglich, mit der Folge, dass Hypothek und Forderung auseinanderfallen. Dieses Ergebnis ist aber unbefriedigend, weil der Schuldner nun befürchten muss, doppelt in die Haftung genommen zu werden: Einerseits auf Zahlung der Forderung, andererseits auf Duldung der Zwangsvollstreckung wegen der Hypothek. Als Lösung wird einerseits vorgeschlagen, dem Erwerber der Hypothek auch die Forderung zuzusprechen (analog § 1153 BGB, sog. „**Einheitstheorie**"). Andererseits wird die Trennung hingenommen, aber auf bereicherungsrechtliche Ausgleichsansprüche verwiesen („Trennungstheorie").

→ Fall 26

338 Der Eigentümer kann gegenüber dem Inhaber der Hypothek alle **Einreden und Einwendungen** geltend machen, die der Schuldner der gesicherten Forderung aus dem Grundverhältnis erheben könnte (§ 1137 BGB), wobei § 216 Abs. 1 BGB im Hinblick auf die Verjährung eine Ausnahme macht. Aufgrund des ausdrücklichen Verweises auf § 770 BGB kann der Eigentümer sich zudem auf dem Schuldner zustehende Gestaltungsrechte, wie die Möglichkeit zur Aufrechnung oder Anfechtung, berufen. Soweit die Forderung erlischt, steht dem Eigentümer die Hypothek als Eigentümergrundschuld bzw. -hypothek zu (§§ 1163, 1177 BGB). Allerdings ist nach § 1157 S. 2 BGB ein gutgläubiger einredefreier Erwerb im Hinblick auf dingliche Einreden und nach § 1138 i.V.m. § 892 BGB ein gutgläubiger einredefreier Erwerb im Hinblick auf Einreden gegen die Forderung möglich (soweit kein Widerspruch eingetragen ist und der Erwerber gutgläubig ist). Insoweit ist die Hypothek schwächer geschützt als die Sicherungsgrundschuld nach § 1192 Abs. 1a BGB (oben Rn. 288).

339 **2. Pfandrecht an beweglichen Sachen (§§ 1204–1259 BGB).** Das akzessorische Sicherungsmittel unter Einsatz beweglicher Sachen ist das Pfandrecht („Fahrnispfand"). Es kann sich auf das Eigentum oder einen Miteigentumsanteil (§ 1258 BGB, oben Rn. 84) beziehen. Eine bewegliche Sache kann sogar mit mehreren Pfandrechten belastet werden, deren Rang sich nach der zeitlichen Priorität bestimmt (§ 1209 BGB). Ein Pfandrecht kann wie eine Hypothek (oben Rn. 326) nicht nur vom Schuldner der Forderung (§ 1248 BGB), sondern auch von einem Dritteigentümer bestellt werden. In diesem Fall haftet der Dritte nicht auf Zahlung der Forderung, sondern muss nur die Befriedigung des Gläubigers aus der verpfändeten Sache dulden. Praktische Bedeutung hat das

**vertragliche Pfandrecht** vor allem bei der Vergabe von Kleinkrediten durch Pfandleihhäuser („Faustpfand") sowie im Bankrecht bei Verpfändung von Inhaberpapieren. Bei größeren Geschäften hat demgegenüber die Sicherungsübereignung (oben Rn. 316 ff.) das Pfandrecht verdrängt, da diese nicht von der oft unerwünschten Übergabe der Sache an den Pfandgläubiger (unten Rn. 344 ff.) abhängig ist. In Praxis wie in Klausuren relevant sind vor allem die **gesetzlichen Pfandrechte** des Vermieters und des Werkunternehmers sowie die im Rahmen der Zwangsvollstreckung entstehenden **Pfändungspfandrechte** (§§ 803 ff. ZPO).

Es ist höchst umstritten, wie das **Flaschenpfand** an Mehrwegflaschen zu beurteilen ist. **340** Dies beginnt schon mit der Frage, wie die schuldrechtliche Beziehung ausgestaltet ist, aufgrund derer die Flasche erlangt wurde. So kann es sich um einen Kauf (der nach § 433 Abs. 1 S. 1 BGB durch Eigentumsübertragung nach § 929 S. 1 BGB erfüllt wird) oder ein der Leihe ähnliches Verhältnis (welches nur zur Besitzverschaffung, aber nicht zum Eigentumserwerb führt, § 598 Abs. 1 BGB) handeln. Der BGH hat sich zumindest für individualisierte Flaschen (z.B. Colaflaschen) in Abgrenzung zu Einheitsflaschen für die letztgenannte Auffassung entschieden und beurteilt die Übergabe der Flaschen als Leihe. Dann ist es konsequent, dass die Geldzahlung bei Rückgabe der Flasche sich als bedingte Rückzahlung eines zinslosen Darlehens darstellt, das der Käufer des Getränks dem Verkäufer beim Kauf der Flasche mit Inhalt gewährt hat. Nach der Gegenansicht handelt es sich bei der Rückgabe um einen Rückkauf. Sachenrechtlich liegt jedenfalls kein Pfandrecht im eigentlichen Sinne vor, es wird jedoch ein „irreguläres Pfandrecht" angenommen, auf das die §§ 1204 ff. BGB entsprechend anwendbar sind.

### a) Entstehen vertraglicher Pfandrechte

**Entstehen eines vertraglichen Pfandrechts** **341**

1. Bestehen einer zu sichernden Geldforderung bzw. in Geld übergangsfähiger Forderung (§ 1228 BGB)
2. Dingliche Einigung (§ 1204 BGB)
3. Übergabe der verpfändeten Sache oder Surrogat (§§ 1205 Abs. 1 S. 2, 1205 Abs. 2, 1206 BGB)
4. Berechtigung des Verpfänders (Eigentum und keine Verfügungsbeschränkung)

342 Ein Pfandrecht kann erst und nur dann entstehen, wenn es tatsächlich eine wirksame und durchsetzbare **Geldforderung** gibt, die dadurch gesichert wird. Andere Forderungen sind sicherungsfähig, soweit sie in eine Geldforderung übergehen können (etwa nach §§ 280 ff. BGB bei Nichterfüllung). Einredebehaftete Forderungen können nur durch ein Pfandrecht gesichert werden, soweit dadurch kein mittelbarer Erfüllungszwang ausgeübt wird. Etwas anderes gilt allerdings für die Einrede der Verjährung, die einem Pfandrecht nicht entgegensteht (§ 216 Abs. 1 BGB). Ohne Forderung entsteht kein Pfandrecht, ein „Eigentümerpfandrecht" (entsprechend zur Eigentümerhypothek, Rn. 329 f.) gibt es nicht. Allerdings kann ein Pfandrecht auch für „künftige" oder bedingte Forderungen bestellt werden. Die Schwierigkeit liegt hierbei in der Bestimmbarkeit der zu sichernden Forderung im Zeitpunkt der Einigung. Während die Höhe nicht feststehen muss, muss die Forderung im Zeitpunkt der Entstehung bereits hinreichend abgegrenzt sein. Soweit dies der Fall ist, entsteht das Pfandrecht bereits vor (!) Entstehung der Forderung mit Einigung und Übergabe bzw. Surrogat. Die Forderung kann anders als bei der Hypothek (§ 1180 BGB) nur durch Aufhebung und Neubestellung des Pfandrechts ausgetauscht werden. War die Forderung allerdings unwirksam, kann im Wege der Umdeutung (§ 140 BGB) der Rückforderungsanspruch aus § 812 BGB die gesicherte Forderung darstellen.

343 Die **dingliche Einigung** (§ 1204 BGB) unterscheidet sich von derjenigen nach § 929 S. 1 BGB dadurch, dass nicht die Verschaffung des Eigentums („Du sollst Eigentümer werden"), sondern die Begründung eines Pfandrechts gewollt sein muss („Die Sache soll verpfändet werden"). Im Zweifel ist die Erklärung insbesondere in Abgrenzung zur Sicherungsübereignung nach §§ 133, 157 BGB auszulegen. Auch diese Einigung kann vorweggenommen (antizipiert) werden, oben Rn. 53, 142.

344 Die **Übergabe** (§ 1205 BGB) bedeutet den Verlust jeglichen Besitzes beim Verpfänder und die Begründung von Besitz durch den Pfandgläubiger, wobei die Einschaltung von Besitzdienern, Besitzmittlern und Geheißpersonen möglich ist (zur Parallelregelung § 929 S. 1 BGB oben Rn. 151). Die Regelung dient der Wahrung des Publizitätsprinzips. Wie in den §§ 929–931 BGB gibt es Surrogate, die jedoch weniger flexibel sind als bei der Eigentumsverschaffung:

345
- Wenn der Pfandgläubiger bereits Besitzer ist, muss keine weitere Übergabe erfolgen, sondern es genügt nach § 1205 Abs. 1 S. 2 BGB die schlichte Einigung („**brevi manu traditio**", zur Parallelnorm § 929 S. 2 BGB oben Rn. 155). Dabei darf aber der Verpfänder keinen Besitz behalten, insbesondere darf er

nicht Besitzmittler des Gläubigers sein. Schwierig ist die Konstellation, dass die Sache unter Verschluss aufbewahrt wird und der Verpfänder dem Pfandgläubiger angeblich „alle“ Schlüssel übergibt, aber trotzdem heimlich (Nach-)Schlüssel zurückbehält. Hätte der Pfandgläubiger tatsächlich die einzigen Schlüssel, läge eine Übergabe vor. Die bloße Vorstellung eines Besitzverlusts genügt hingegen grundsätzlich nicht. Die Rechtsprechung hält dem entgegen, dass für den Besitz die Verkehrsanschauung maßgeblich sei (oben Rn. 32) und eine Begünstigung des arglistigen Verpfänders Treu und Glauben widerspreche. Sie bejaht daher auch in diesem Fall Alleinbesitz, soweit die Vereinbarung Alleinbesitz des Pfandgläubigers vorsieht und der Verpfänder von seiner Zugriffsmöglichkeit tatsächlich noch keinen Gebrauch gemacht hat (◎ Urteil 104).

- Möglich ist nach § 1205 Abs. 2 BGB auch die **Abtretung eines Herausgabeanspruchs**, da dadurch mittelbarer Besitz übertragen wird (§ 870 BGB, oben Rn. 47). Über die Voraussetzungen des § 931 BGB (oben Rn. 160) hinaus ist aber erforderlich, dass dem Besitzmittler die Verpfändung angezeigt wird (§ 1205 Abs. 2 BGB). Zudem ist anders als nach § 931 BGB erforderlich, dass der Verpfänder wirklich mittelbarer Besitzer ist (also ein wirksames Besitzkonstitut besteht und Fremdbesitzwille vorliegt), ein gesetzlicher Herausgabeanspruch etwa aus § 812 BGB genügt nicht. **346**
- Während ein Besitzkonstitut (§ 930 BGB, oben Rn. 156) nicht vorgesehen ist, besteht eine dritte Variante für den Erwerb eines Pfandrechts in der Vermittlung **qualifizierten** (oben Rn. 57) **Mitbesitzes** (§ 1206): Dabei verliert der Verpfänder nicht jegliche Besitzposition, sodass eine Übergabe (Rn. 151) ausscheidet. Erforderlich ist, dass die Sache unter Mitverschluss des Pfandgläubigers (§ 1206, 1. Var. BGB) oder durch einen Dritten aufbewahrt wird, der die Sache nur an Verpfänder und Pfandgläubiger gemeinsam herausgeben darf (§ 1206, 2. Var. BGB). **347**

Wie das Eigentum (oben Rn. 166 ff.) kann auch ein vertragliches Pfandrecht von einer anderen Person als dem verfügungsbefugten Eigentümer **gutgläubig** erworben werden (§ 1207 BGB). Das Gesetz verweist insoweit auf die §§ 932, 934, 935 BGB (nicht auf § 933 BGB, da ein Besitzkonstitut für die Begründung eines Pfandrechts nicht genügt, oben Rn. 347). Dies bedeutet: Über die Voraussetzungen des Erwerbs vom Berechtigten muss ein Verkehrsgeschäft vorliegen und der Besitz als objektiver Rechtsscheinstatbestand gerade vom Verpfänder erlangt worden sein. Ein Abhandenkommen im Sinne von § 935 BGB (Besitzverlust gegen den Willen des Eigentümers oder dessen Besitzmittlers, oben Rn. 186 ff.) **348** schließt den Erwerb ebenso aus wie Kenntnis oder grob fahrlässige Unkenntnis von der fehlenden Berechtigung (§ 932 Abs. 2, BGB oben Rn. 182 ff.).

349 **b) Gesetzliche Pfandrechte, insbesondere gutgläubiger Erwerb. Gesetzliche Pfandrechte** setzen teilweise wie vertragliche Pfandrechte eine Besitzerlangung des Pfandgläubigers voraus. Klausurrelevant ist insbesondere das Werkunternehmerpfandrecht (§ 647 BGB), daneben gibt es etwa die Pfandrechte des Kommissionärs oder des Frachtführers (§§ 397, 440 HGB). Weitergehend gibt es aber auch besitzlose Pfandrechte, für die es genügt, dass die Sache in einen räumlichen Herrschaftsbereich gelangt ist. Das klausurtypische Beispiel ist das Vermieterpfandrecht (§§ 562–562d), daneben sieht etwa das HGB ein solches Pfandrecht für den Verfrachter am Gepäck der Passagiere vor (§ 674 HGB). Für alle diese Pfandrechte gelten nach § 1257 BGB die Regelungen der §§ 1204 ff. BGB entsprechend.

350 Ein **gutgläubiger Erwerb** gesetzlicher Pfandrechte ist in § 366 Abs. 3 HGB ausdrücklich vorgesehen. Umstritten ist vor diesem Hintergrund, ob auch darüber hinaus gesetzliche Pfandrechte, die durch Besitzerlangung begründet werden (also insbesondere das Werkunternehmerpfandrecht, nicht aber das Vermieterpfandrecht!) gutgläubig erworben werden können. Ansatzpunkt hierfür ist die durch § 1257 BGB angeordnete „entsprechende" Anwendung von § 1207 BGB. Der Rechtsschein durch Besitzerlangung sei insoweit ebenso vergleichbar wie die wirtschaftliche Interessenlage, eigentlich sei das Werkunternehmerpfandrecht nämlich nur ein gesetzlich typisiertes vertragliches Pfandrecht. § 366 Abs. 3 HGB zeige, dass dieser Gedanke dem deutschen Recht nicht unbekannt ist. Der BGH lehnt einen gutgläubigen Erwerb gesetzlicher Pfandrechte hingegen ab, da das Gesetz in § 1257 BGB auf ein „entstandenes" Pfandrecht abstelle, die Entstehung also gerade unberührt bleibe. § 366 Abs. 3 HGB sei dem Gesetzgeber bei Schaffung von § 647 BGB bekannt gewesen, er habe dennoch keine umfassende Regelung geschaffen. Es sei zudem widersinnig in die Entstehung gesetzlicher Pfandrechte subjektive Elemente (die Gut- oder Bösgläubigkeit) einzubeziehen, eine Differenzierung zu den besitzlosen Pfandrechten sei im Gesetz nirgends verankert. Schließlich sei die Belastung des wahren Eigentümers kaum zu rechtfertigen, im Regelfall sei der Werkunternehmer schon durch die Verwendungsersatzansprüche aus §§ 994, 995 BGB und das Zurückbehaltungsrecht des § 1000 BGB hinreichend geschützt. In der Praxis behilft man sich durch zusätzliche Vereinbarung eines vertraglichen Pfandrechts, das dann auch gutgläubig erworben werden kann. Der naheliegende Einwand, dass dieses nur dann Bedeutung erlangt, wenn ein gesetzliches Pfandrecht

mangels Eigentum des Bestellers nicht entstehen kann, wird dabei ignoriert (Urteile 105–107).

Eine dem gutgläubigen Erwerb gesetzlicher Pfandrechte verwandte Fragestellung ist, ob eine **Ermächtigung (analog § 185 Abs. 1 BGB)** zur Abgabe eines Gegenstandes zur Reparatur und daran anknüpfender Pfandrechtsentstehung (§ 647 BGB) möglich ist. Wenn etwa ein Mietwagen durch den Mieter in die Werkstatt gegeben wird, kann dies durchaus dem Willen des vermietenden Eigentümers entsprechen. Hätte dieser die Sache selbst zur Reparatur gegeben, würde in jedem Fall ein Pfandrecht entstehen. Soll er aber dadurch besser stehen, dass nun ein Dritter für ihn gehandelt hat? Der BGH bejaht dies, denn die Anwendung von § 185 BGB würde in unzulässiger Weise gesetzliche und vertragliche Pfandrechte miteinander vermengen. Ein Einverständnis mit den Folgen der Reparatur impliziere nicht die Zustimmung in die Entstehung eines Pfandrechts, da damit noch nichts zur Übernahme der (in der Regel unerwünschten) Kosten gesagt wird. **351**

→ Fall 27
→ Übersicht 30

**c) Pfändungspfandrecht.** Ein „Pfändungspfandrecht" entsteht durch staatliche Beschlagnahme einer beweglichen Sache (§ 804 Abs. 1 ZPO). Im Ausgangpunkt geht es dabei um einen Hoheitsakt, die „Verstrikkung". Nach der heute herrschenden „gemischt öffentlichrechtlich-privatrechtlichen Theorie" genügt dies jedoch nicht. Vielmehr muss daneben auch tatsächlich eine zu sichernde Forderung bestehen und die gepfändete Sache muss im Eigentum des Schuldners stehen (bzw. muss dieser zumindest ein Anwartschaftsrecht an dieser Sache haben). **352**

Gegenüber Dritten wird das Pfändungspfandrecht wie ein vertragliches Pfandrecht geschützt (unten Rn. 362 f.). Die Verwertung erfolgt hingegen nach §§ 814 ff. ZPO durch öffentliche Versteigerung. Dabei erfolgt der Eigentumserwerb nicht nach §§ 929 ff. BGB wie bei gesetzlichen oder vertraglichen Pfandrechten (unten Rn. 357), sondern kraft Hoheitsakt. § 819 ZPO bestimmt, dass die Auskehrung des Erlöses durch den Gerichtsvollzieher an den Gläubiger als Zahlung des Schuldners gilt. Stellt sich heraus, dass die Sache tatsächlich einem Dritten zustand, hat dieser einen Anspruch aus § 812 Abs. 1 S. 1, 1. Var. BGB gegen den Vollstreckungsgläubiger auf Herausgabe des Erlöses, das Eigentum kann er hingegen nicht herausverlangen. **353**

354 **d) Übertragung von Pfandrechten.** Ein Pfandrecht wird zusammen mit der Forderung **übertragen** (§§ 398, 401 BGB, § 1250 Abs. 1 S. 1 BGB). Eine Übertragung des Pfandrechts ohne Forderung ist nichtig (§ 1250 Abs. 1 S. 1 BGB). Damit scheidet bei Fehlen einer Forderung ein gutgläubiger derivativer Erwerb („Zweiterwerb") eines Pfandrechts aus, da ein „forderungsentkleidetes Pfandrecht" ebensowenig existiert wie eine Fiktion des Bestehens der Forderung (anders § 1138 BGB zur Hypothek, unten Rn. 335). Soweit allerdings die Forderung besteht, aber die Pfandrechtsbestellung wegen Mängeln der dinglichen Einigung scheitert, ist umstritten, ob der Zessionar mit Übergabe der vermeintlichen Pfandsache ein Pfandrecht erlangen kann. Einerseits wird insoweit § 1207 BGB analog herangezogen, andererseits wird zutreffend § 1250 BGB als abschließende Sonderregelung angesehen, die den Übergang eines bestehenden Pfandrechts gerade nicht an die Übergabe der Sache knüpft und so zeigt, dass es schon an einem Rechtsscheinstatbestand fehlt. Die Parteien können vereinbaren, dass das Pfandrecht nicht übertragen werden darf, dann führt die Abtretung der Forderung dazu, dass das Pfandrecht erlischt (§ 1250 Abs. 2 BGB).

355 **e) Verwertung und Einreden; Pfandverkauf.** Die **Verwertung** darf erst bei „Pfandreife", d.h. bei Fälligkeit der Forderung erfolgen. Wenn der Schuldner zahlt, erlöschen sowohl die Forderung als auch das Pfandrecht (§ 1252 BGB). Wenn hingegen der Verpfänder zahlt, besteht die Forderung fort und geht kraft Gesetzes auf ihn über (§ 1225 S. 1 BGB). Das Pfandrecht erwirbt der Verpfänder nur, wenn er nicht Eigentümer ist (§ 1250 Abs. 1 S. 1 BGB). Schließlich darf auch der Eigentümer, der nicht Verpfänder ist, den Gläubiger befriedigen (§ 1249 S. 1 BGB). Auch dieser erlangt die Forderung (§§ 1249 S. 2, 268 Abs. 3 S. 1 BGB), das Pfandrecht kann aber ausnahmsweise trotz Konsolidation fortbestehen (§ 1256 Abs. 2 BGB).

356 Der Schuldner kann gegen die Forderung nur forderungsbezogene **Einreden** erheben. Der Verpfänder kann sich hingegen nicht nur auf Einreden berufen, die unmittelbar das Pfandrecht betreffen, sondern auch alle Einreden aus der Forderung geltend machen, selbst wenn er nicht Schuldner ist (§ 1211 BGB, ebenso § 1138 BGB für die Hypothek, Rn. 338). Zudem kann er sich gegen die Verwertung des Pfandes wehren, solange der Schuldner anfechten oder aufrechnen kann (§ 1211 Abs. 1 S. 1 i.V.m. § 770 BGB). Besteht eine dauernde Einrede, kann der Verpfänder oder der Eigentümer der Sache Rückgabe der Pfandsache verlangen (§ 1254 BGB); das Pfandrecht erlischt hierdurch (§ 1253, unten Rn. 364). Nicht berufen kann sich der Verpfänder hingegen auf die Verjährung der gesicherten Forderung (§ 216 BGB).

Im Normalfall wird ein Pfandrecht durch **privaten Pfandverkauf** zu Geld gemacht (§§ 1233 Abs. 1, 1234–1240 BGB). Der Pfandgläubiger lässt dabei im eigenen Namen die Sache im Wege der öffentlichen Versteigerung durch den Gerichtsvollzieher oder eine sonst zur Versteigerung befugte Person (§ 383 Abs. 3 BGB) veräußern (§ 156 BGB). Da ein Kaufvertrag mit dem Pfandgläubiger als Verkäufer abgeschlossen wird, haftet dieser grundsätzlich nach §§ 433 Abs. 1 S. 2, 434, 437 BGB auch für Sachmängel des Pfandgutes. Diese Haftung ist nach § 445 BGB bei Verkauf im Wege öffentlicher Versteigerung ausgeschlossen, nicht jedoch bei freihändigem Verkauf. **357**

Ein Verstoß gegen die in § 1243 Abs. 1 BGB genannten Vorschriften führt zur **Rechtswidrigkeit des Verkaufs**, alle anderen Regelungen sind bloße Ordnungsvorschriften, die nach § 1243 Abs. 2 BGB nur einen Schadensersatzanspruch des Eigentümers begründen. Ein freihändiger Verkauf durch einen öffentlichen Versteigerer ist bei Sachen mit Börsen- oder Marktwert möglich (§§ 1235 Abs. 2, 1221 BGB) oder bei Gold- und Silbersachen, soweit nur Gebote unter dem Metallwert abgegeben werden (§ 1240 Abs. 2 BGB). **358**

Statt des privaten Pfandverkaufs ist auch eine Verwertung **nach den Vorschriften der ZPO** über die Zwangsvollstreckung durch öffentliche Versteigerung möglich, soweit der Pfandgläubiger einen vollstreckbaren Titel gegen den Eigentümer auf Duldung der Befriedigung aus der Pfandsache hat (§ 1233 Abs. 2 BGB). Dadurch wird die Pfandverwertung aber noch nicht zu einem Akt der Zwangsvollstreckung, sondern zu einem Tätigwerden des Gerichtsvollziehers im privaten Interesse des Pfandgläubigers. Hierbei müssen nicht die Vorschriften der §§ 1234 ff. BGB, sondern nur diejenigen der §§ 814 ff. ZPO eingehalten werden. Will der Pfandgläubiger hingegen eine „echte" Zwangsvollstreckung gegen den Schuldner wegen der Geldforderung betreiben, kann er die in seinem Besitz befindliche Sache pfänden lassen, soweit diese im Eigentum des Schuldners stand (§ 809 ZPO). **359**

Der Erwerb aufgrund privaten Pfandverkaufs erfolgt nach **§§ 929 ff. BGB**; der Pfandgläubiger ist insoweit „Berechtigter" (§ 1242 Abs. 1 BGB). Die Gegenleistung fällt unmittelbar dem Pfandgläubiger zu, soweit sie nicht die gesicherte Forderung zuzüglich Zinsen übersteigt (§ 1210 Abs. 1 BGB). In der Höhe der Gegenleistung erlischt (ohne Aufrechnungserklärung o.ä.) die gesicherte Forderung (§ 1247 S. 1 BGB). Der die Forderung übersteigende Erlös steht dem früheren Eigentümer zu (dingliche Surrogation, § 1247 S. 2 BGB); bei Bargeld entsteht Miteigentum (§ 1008 BGB, oben Rn. 84). Andere Pfandrechte an der Sache erlöschen (auch gegenüber einem bösgläubigen Erwerber) und werden **360** durch ein Pfandrecht an dem Betrag der gesicherten Forderung übersteigenden Veräußerungserlös ersetzt.

**361** Unter den Voraussetzungen von §§ 1244, 932 ff. BGB kann im Rahmen eines Pfandverkaufs **gutgläubig Eigentum erworben** werden (vgl. oben Rn. 166 ff.). Der gute Glaube muss sich dabei nach der Sondervorschrift des § 1244 BGB auf das Bestehen des Pfandrechts und die Rechtmäßigkeit des Pfandverkaufs erstrecken. Zudem bleibt ein Abhandenkommen der Pfandsache außer Betracht (§ 1244 BGB verweist nicht auf § 935 BGB, oben Rn. 186 ff.).

Wichtig:
Ein Erwerb kraft Hoheitsakt erfolgt nur im Rahmen der echten Zwangsvollstreckung; die Anwendung der ZPO-Regeln nach § 1233 Abs. 2 BGB führt also bei fremden Sachen allenfalls zum Eigentumserwerb nach §§ 1244, 932 ff. BGB (der gute Glaube muss sich dort also insbesondere auch auf das Vorhandensein eines Titels erstrecken).

Soweit kein Pfandrecht besteht, erwirbt der Eigentümer der Pfandsache kraft dinglicher Surrogation Eigentum am Erlös (§ 1247 Abs. 2 BGB). Ein rechtswidriger Verkauf (oben Rn. 358) ändert hingegen nichts daran, dass der Erlös dem Pfandgläubiger zufällt.

**362** **f) Nutzung des Pfandguts, Schutz des Pfandgläubigers.** Grundsätzlich hat der Pfandgläubiger zwar Besitz an der Sache, darf diese aber nicht für sich nutzen; er ist insoweit reiner Verwahrer. Es ist es aber vertraglich möglich, ein „Nutzungspfandrecht" zu vereinbaren (§ 1213 BGB), aufgrund dessen der Pfandgläubiger die Sache für sich nutzen kann. Bereits vor Pfandreife kann sich der Pfandgläubiger aber gegen Eingriffe Dritter wehren, ihm stehen insoweit die Rechte des Eigentümers (oben Rn. 88 ff.) entsprechend zu (§ 1227 BGB). Er kann daher Herausgabe nach §§ 1227 BGB, 985 BGB verlangen sowie Unterlassung und Beseitigung von Störungen aus §§ 1227, 1004 BGB und zwar beides auch vom Eigentümer (!) fordern. Nutzungen kann er allerdings nur nach §§ 1227, 987 f. BGB herausverlangen, wenn er diese nach § 1213 BGB auch selbst ziehen durfte, Schadensersatz nach §§ 1227, 989, 990 BGB beschränkt sich darauf, dass nunmehr ein Pfandrecht an der Schadensersatzforderung entsteht.

**363** In der **Zwangsvollstreckung** durch Gläubiger des Verpfänders hat der Inhaber eines Pfandrechts in jedem Fall ein Recht auf vorzugsweise Befriedigung (§ 805 ZPO) und soweit er mittelbaren oder unmittelbaren Besitz hat zusätzlich ein die Veräußerung hinderndes Recht, welches ihm die Möglichkeit zur Drittwiderspruchsklage (§ 771 ZPO) gewährt. Auch in der Insolvenz hat er kein Aussonderungsrecht (§ 47 InsO) bezüglich der Pfandsache, sondern nur ein Recht auf Absonderung (§ 50 InsO), d.h. auf bevorzugte Befriedigung aus dem mit der Sache erzielten Erlös.

**g) Erlöschen des Pfandrechts.** Das Pfandrecht erlischt, wenn die Forderung erlischt (§ 1252 BGB), es entsteht also kein „Eigentümerpfandrecht" (oben Rn. 356, siehe oben Rn. 330 f. zu Eigentümergrundschuld/-hypothek). Alternativ kann der Pfandgläubiger durch schlichte einseitige Erklärung auf das Pfandrecht verzichten (§ 1255 Abs. 1 BGB – anders als nach § 397 BGB ist also kein Vertrag erforderlich); gleichgestellt ist die freiwillige und bewusste Rückgabe des Pfandes an den Eigentümer oder Verpfänder (§ 1253 BGB). Selbstverständlich erlischt das Pfandrecht schließlich auch, wenn es mit dem Eigentum zusammenfällt („Konsolidation" – nicht „Konfusion", § 1256 Abs. 1 BGB). Ausnahmsweise wird das Fortbestehen (nur) zugunsten des Eigentümers fingiert, wenn dieser ein berechtigtes Interesse am Fortbestand des Pfandrechts besitzt (§ 1256 Abs. 2 BGB), etwa zur Rangwahrung gegenüber anderen Belastungen zugunsten Dritter. **364**

# Stichwortverzeichnis

Die Zahlenangaben beziehen sich auf die Randnummern des Buches.